GET THE POINT IMMEDIATELY

秒懂力

从0到1靠创新，从1到N靠秒懂

| 第2版 |

唐文 邓斌 叶壮

著

机械工业出版社
CHINA MACHINE PRESS

图书在版编目（CIP）数据

秒懂力：从 0 到 1 靠创新，从 1 到 N 靠秒懂 / 唐文，邓斌，叶壮著 . —2 版 . —北京：机械工业出版社，2022.11

ISBN 978-7-111-72134-5

I. ①秒…　Ⅱ. ①唐…②邓…③叶…　Ⅲ. ①知识传播 - 研究　Ⅳ. ① G2

中国版本图书馆 CIP 数据核字（2022）第 224967 号

秒懂力：从 0 到 1 靠创新，从 1 到 N 靠秒懂　第 2 版

出版发行：机械工业出版社（北京市西城区百万庄大街 22 号　邮政编码：100037）

策划编辑：刘　静

责任编辑：刘　静　崔晨芳

责任校对：梁　园　梁　静

责任印制：张　博

印　　刷：保定市中画美凯印刷有限公司

版　　次：2023 年 4 月第 2 版第 1 次印刷

开　　本：147mm×210mm　1/32

印　　张：8

书　　号：ISBN 978-7-111-72134-5

定　　价：69.00 元

客服电话：（010）88361066　68326294

沟通连接未来

我一向主张：所谓悟性、领会、揣摩是一种浪费，简单直接、清晰明确是管理者的能力和责任。也就是说，过高的管理沟通成本，以及由此带来的过低的执行力，应由管理者而非执行者来承担责任。

正是高效协作使得智人在走出非洲之后，只用了短短的十万年就遍布地球，独步生物圈，而协作的基础就在于沟通。我也一直认为，如果要达成共识，其前提条件就是有效沟通。虽然我们每时每刻都在沟通，但是也许很多人并没有真正理解沟通，并能够很好地运用沟通。

语言是沟通的工具，故事、传说、宗教、贸易等是沟通的形式，沟通就是被上帝嫉妒的通天塔诅咒。如今，互联网及人工智能技术将会进一步降低全球沟通成本，并促成商业及政治各方面的新形态的涌现，人类的能力将会跃迁到更高的层次，也将由此带来无限可能性。

从这个意义上说，一项管理决定，要做到让下属能够"秒懂"；一个产品，要做到让用户能够"秒懂"；一项决策，要做到让社会公众能够"秒懂"……沟通真的是一种决定未来的重要能力。在一个信息爆炸的时代，要想从众多的信息中脱颖而出，就需要能够站在对方的角度，让对方可以"秒懂"，这才是有效沟通的捷径。

邓斌把书稿发给我，我仔细阅读后，一方面觉得新的表达方式的确是对每一个人的挑战，需要我们更深入地理解和提升；另一方面觉得回归本质的东西始终没有改变，那就是真正的价值共识。所以当他邀请我作序的时候，我想我只是与大家分享我自己的读后感，也许是更合适的。

本书提供了降低沟通成本、跨越理解鸿沟的行动指南，作者们根据自己的实践经验及理论分析，从相似性、情感、场景、人、势能等方面提出了非常详细的、可操作的、富有启发的建议，值得鼓励，值得一读。

陈春花

管理学者，新华都商学院理事长

基于秒懂力的
4 种商业模式

"秒懂力"被旗帜鲜明地提出来以后，成为一个引发争议的概念。在不少企业中高级管理人员群里，经常会有关于秒懂力的讨论。有的人对秒懂力不屑一顾，认为这个概念无足轻重。持这类观点的人，大多是技术背景出身。另一些人则力挺秒懂力，认为许多商业难题的解决方案背后都潜藏着秒懂力，持有这类观点的人，大多是销售、市场出身。

我们几位作者也在不停地思考秒懂力。邓斌就提出来，秒懂力的重要性其实和创新不相上下。汇总为一句话，就是：

从 0 到 1 靠创新，从 1 到 N 靠秒懂。

对这个提法，我非常赞成。

从 0 到 1，讲的是供给端的故事，主要是研发和生产。公司要构建护城河，需要在这些环节拥有创新优势，尤其是研发，越来越成为各个商业公司的核心竞争力。新的产品、新的服务，从无到有、从0到1，靠的就是创新。

从1到N，讲的是需求端的故事，核心就是让更多的用户接受。用户接受度高，渠道愿意卖公司的产品，广告公关也容易造出声势，产品和服务就能快速走向市场，公司就能占有更高的市场占有率，甚至能占领定价制高点。

在《秒懂力》这本书里，我们多次提到iPhone，把它作为秒懂力的标杆。确实，从用户体验来说，iPhone最早把秒懂做到了极致。几岁的孩子，在没有大人指导的情况下，凭借本能就能使用iPhone，不可谓不秒懂。

但是更进一步，如果我们把iPhone拆开，你会看到眼花缭乱的电路板、纷繁复杂的电子元件。这些电路板、电子元件起作用的机理是什么？这就不秒懂了。

如果你再追问得细一些，比如说芯片。芯片工作的机制是什么？我们能不能弄懂它的原理，把它制造出来？这相当有技术难度。不要说个人秒懂不了，甚至对一个企业来说可能都是难题。

由此可见，屏幕之外，是消费者的体验，是需求端，追求的是秒懂，因为只有做到秒懂，一个产品才能快速地走向市场。

与之形成对照的，则是屏幕之内，是供给端，这里追求的是高新技术，高新技术往往是很难秒懂的。越难秒懂，"护城河"就越深，竞争对手就越不能轻易复制。

这就是矛盾的对立统一。

在这个基础上，我提出了基于秒懂力的 4 种商业模式（见图 0-1）：

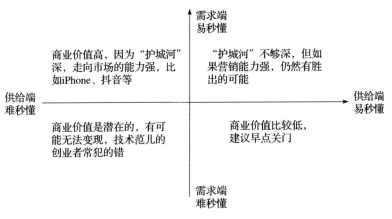

图 0-1　秒懂力的 4 种商业模式

其中商业价值最高的，当数**"需求端易秒懂，供给端难秒懂"**。典型的例子还是 iPhone，它操作起来体验感非常好，无论什么人都容易上手。但你要想仿制 iPhone，仿制它的硬件、软件，那就比登天还难。iPhone 的商业价值非常高，苹果从而成为首个市值冲破 30 000 亿美元的公司。

近几年一个新的例子，就是抖音。谁刷抖音都容易上瘾，因为它太秒懂了。但你要复制一个抖音，即便以腾讯这样的巨无霸下场角逐，短期内的影响力也难以与其相提并论。

"需求端易秒懂，供给端也易秒懂"，这个象限的商业价值就要低一些。供给端易秒懂，意味着"护城河"不够深，容易被别人抄袭。互联网上有不少新创企业，做的产品不错，用户也易于上手，但因为供给端也易秒懂，产品一旦被大厂相中，大厂很快就能推出类似的产品。原创者要么被收购，要么被挤出了市场。

当然，处在这个象限内的公司，如果营销能力足够强，也不是没有胜出的机会。比如矿泉水，不存在什么高不可攀的技术壁垒，但是娃哈哈仍然异军突起，创始人宗庆后一度问鼎中国首富。这就得益于娃哈哈过硬的营销能力。

"需求端难秒懂，供给端也难秒懂。"很多技术专家出来创业，很容易走入这个轨道。因为偏执于相信自己技术领先，故而常常忽视市场的接受度。所以这种商业模式，只能是潜力股，成或不成，就押宝在能不能遇到伯乐的运气上。

任正非就特别反对华为陷入这种困境，认为绝对不能为了创新而创新，为了技术而技术。典型的一个悲剧，就是贝尔实验室。这个实验室出了很多诺贝尔奖的获得者，从供给端来说，肯定是全球首屈一指的了。但在需求端的开拓却不尽如人意，所以最后从商业角度来看，它黯然收场了。

最后一种，**"需求端难秒懂，供给端却易秒懂"**。这种商业模式价值是最低的，"护城河"不深，别人容易抄袭。用户体验不好，走向市场非常困难，建议早点关门。

凡事都有边界，秒懂力自然也不例外，把握好秒懂力的应用范围，抓住矛盾的对立统一，才是构建好公司竞争优势的不二法门。

氢原子 CEO　"北策南企 50 人论坛"联合发起人　唐文

《秒懂力》是如何用降低
理解成本的方式写出来的

　　有一天，我在翻阅《明朝那些事儿》的时候，突然想到一个很关键的问题：为什么这本书这么好读呢？《明朝那些事儿》从头到尾把明朝的历史讲了一遍，书很厚，但读起来毫不费力，我花了几个晚上就把它读完了。而且，当我很疲倦，实在不想费脑力读其他书的时候，捧起《明朝那些事儿》，我仍然可以读得津津有味。我忽然想到一个词：理解成本。《明朝那些事儿》之所以这么好读，也因此这么受欢迎，核心原因就在于它的"理解成本"很低。

　　降低理解成本其实备受关注，近几年热门的知识付费，如"得到""有书""喜马拉雅""十点读书""樊登读书会"等，不就是因致力于降低高价值内容的理解成本而获得成功的吗？

　　我一下子就对这个问题产生了浓厚的兴趣，然后，我开始搜索相关的专著、论文和网上讨论的帖子。让我略感失望的是，几乎没有人对此做过太多的阐述。这不要紧，我每年都要拜访大量的企业家、思想家、各个领域非常有见解的人，我在"营销大拿群"里询问了大家对于如何降低理解成本的看法，不承想一石激起千层浪，很快大家发表了对这个问题的独到见解。

看来这是个大家都很关心的话题，于是我决定组织一个线下沙龙"老友聚"，让大家面对面坐到一起，畅聊这个话题。"老友聚"的规模不大，控制在 15 人之内，这是为了保证与会的嘉宾都有充足的时间发言，让讨论能够更热烈一些。

本书的两位作者——我和叶壮出席了沙龙。我们还专门邀请了中国科学院的神经科学博士林思恩给大家分享大脑结构和理解成本的关系。出席活动的还有机械工业出版社和新曲线的编辑。"笔记侠"也派出了骨干力量参与，之后还根据 4 个小时热烈的讨论整理出了《正因为有不爽，人类才能发展到今天》的微信长文。

本书另一位作者邓斌虽然没有参与现场讨论，但他对这个问题投入了很多精力。在此之前，我和邓斌正好通过他创立的"书享界"发表了一篇《为什么你写的文章很有价值还是没人转？》的微信长文，在这篇深度讨论如何做微信热文的文章中，我们同样讨论了很多与降低理解成本相关的话题。

大家越讨论，越觉得这个话题有意义。所以我和邓斌、叶壮决定要把这个话题写成一本书，系统地阐述降低理解成本的理念和实现路径。

我们三个人在一个周末，闭关在北京西山一个叫作"半山阳台"的民宿里，喝着啤酒，吃着花生，脑不停歇地花费了一整天，相互启发，梳理出了整本书的框架。

我毕业于北京大学哲学系，具有深刻的洞见和善于总结的能力，之后十余年的营销经验，让我能贡献大量的案例和理论。其中既有源自宝洁这样的全球营销"黄埔"的案例和理论，也有我自身从一个卑微起点开始创业的实战心得。在过去几年间，我创新了一种架起硅谷和全球创新思想与中国企业实践桥梁的模式，除了我写的《轻营销》和执笔的互联网通史《看见未来》之外，还通过《从0到1》《硅谷钢铁侠》《上瘾》《创新者》《原则》等，化身这些著作的"替身作者"来和许多中国的企业家、思想家做深度的交流，这让我获益匪浅，也因此能为本书贡献丰富的理论和实践营养。

邓斌曾在华为任职11年，是华为中国区企业咨询业务的核心开创者之一，对华为管理和任正非管理哲学非常熟悉。由于他担任华为高级咨询顾问的身份，所以也和我一样，与大量的企业家有过论道，与到访华为深圳基地的企业CXO高管团就企业文化、管理变革、数字化转型深度交流近200场，对中国的商业实践和科技创新有着深刻的认知。之后，他发起创立了"书享界"——这是一家国内知名的企业高管思想影响力发展机构，它与众多企业家、学者广泛建立了联系。

顺带提及的是，因为和大量企业家、思想家、学者等建立了联系，邓斌和我联合发起了"北策南企 50 人论坛"，致力于架起北方的智慧资源和南方活跃的企业之间的桥梁。

叶壮则是心理学专家，也是心理学界的"人脉王"。他不但善于旁征博引，而且富有洞见，一旦我们讨论到关键的商业实践时，他能马上提供出与此相关的心理学理论、心理学实验等，佐证和完善我们的洞见。在一本以人性为基础构建理论和实践路径体系的著作里，这直抵人心，为降低理解成本找到了最终的心理学依据。

一旦框架确定，分工确定，本书很快就在 2017 年年底高效完成。当然，这种高效也是源自我们对降低彼此理解成本的努力。例如，我们三人从一开始就约定好大家出资和未来收入分成的方式，一旦这些关键利益问题达成共识，项目运作的决策和执行就非常高效。当然，我们共同的心得是，要和同频的人一起共事，才能更有效、更快地看到成效。这些心得我们都写进了本书。

本书的书名最早为《降低理解成本》，因为我觉得要旗帜鲜明地把"理解成本"这个关键词亮出来。但这个关键词确实太新了，以致自身的理解成本就非常高，邓斌做了很多打磨，最后提出《秒懂力》这个书名，我们为此拍手叫好。

毫无疑问，和我的《轻营销》一样，本书绝对不是有关理解成本主题的结论性著作，我们一如既往地保持开放性。

最后，除上文提到的朋友外，还要感谢易宝支付，感谢"营销大拿群"的朋友们，感谢"人人都是产品经理"，感谢《中欧商业评论》，感谢徐志斌、唐兴通、曹雪敏、曹成明、柯洲、朱百宁、卓然、张奕昕、王留全、周颖、余晨、赵云、刘光明、唐颖、赵洋、杨山巍、叶嘉、金秋、苏桃、顾煦、唐诗、王京等。

感谢支持我们、推进我们在前行路上不断进步的朋友，尤其感谢继续和我们互动、即将推动本书迭代更新的朋友！

氢原子 CEO "北策南企 50 人论坛"联合发起人　唐文

Get the Point
Immediately

第1章

开　篇

1.1　唐僧理解诅咒

他是这样一个人！出生在 7 世纪初，13 岁时在洛阳净土寺出家，不到 30 岁时，在没有官方支持的情况下，只身一人偷偷行走万里前往印度求取佛法。其中仅在那烂陀寺就学习了 5 年之久。他 42 岁时，戒日王专门安排他为论主召开佛学辩论大会。在数千人参加的盛会上，竟没有一个问题能难倒他。为此，他轰动一时而名震印度。

但他没有留恋在印度取得的盛名，带着 657 部大小乘佛教经律论跋山涉水，又回到了大唐。回到长安时，他早已过了不惑之年。

他将大好青春年华全部奉献给了风餐露宿的取经之路，途中不少同行者在各种意外和危难中丧生，他能活下来确实存在侥幸的因素。但无论旅途的劳苦还是生死磨难，都丝毫没有动摇过他跋山涉水去学习佛法，又义无反顾带着真经翻山越岭回到大唐的信念。

这还不是故事的终结。回到大唐后，他把余生奉献给了佛经的翻译事业。佛前孤灯下，他共翻译了佛典 75 部，总计 1335 卷，并与弟子合作撰写了著名的《大唐西域记》，记叙了他亲身经历的或从传闻得知的 100 多个城邦、地区和国家的故事。

他去世的时候，大唐有数万人给他送葬，后来专门兴建了"大唐护国兴教寺"（在今天西安郊区）让他长眠。

聪明的你可能已经猜到，这就是著名的玄奘，也就是《西游记》里唐僧的原型。

从历史真实的事实来看（注意这个表述），唐僧（玄奘）不仅信念坚定，而且很勇敢，非常有主见，敢于做决策，甚至大胆到没有得到朝廷的支持就西去取经，当然也是因为他有才华、有见识。此外，我们还可以很容易地推断出他的体质应该不错，否则肯定经受不住几十年风餐露宿的折腾。

但大部分老百姓心目中的唐僧（玄奘）又是什么样的呢？手无缚鸡之力，胆小怕事，没有主见，依赖性强，遇到危险只会大喊"徒儿们快救我"，甚至不能明辨是非，冤枉好人，和历史上真实的唐僧（玄奘）相比简直判若两人（**注意这个对比**）。

为什么会出现这样强烈的反差？为什么一个真实的强者，会变成大家印象中的弱者？为什么一个有主见的人，会变成大家印象中耳根子软的人？为什么一个才华横溢，做出卓越贡献的人，会变成大家印象中是非不分的人？

问题的根源在于：大多数人对于唐僧的印象都来源于《西游记》这部**虽然是虚构但通俗易懂**的小说，而不是《大唐西域记》这本**虽然忠于史实，但高深难懂**的著作。

这就是关于理解成本的**"唐僧理解诅咒"**：人们对于人或事的印象深深来源于他们易于获得和容易理解的信息，即便这些信息是虚构的，只要符合受众的理解习惯且理解成本低，也会给受众留下深刻的印象。受众的印象常常和表达者寄予

厚望的"真相"相去甚远，即使真相确实更有价值。

你以为唐僧只是个案吗？你错了。例如，大多数人对于诸葛亮的印象肯定来自文学名著《三国演义》，而不是作为史书的《三国志》，所以鲁迅痛批《三国演义》"状诸葛之多智而近妖"。但无论如何，这就是中国人心目中的诸葛亮了，谁让《三国演义》给人们留下的印象更深呢！

而今天很多"90 后""00 后"对于唐僧的印象又大多是那个唱着"Only You……"、唠唠叨叨的唐僧。因为对他们中不少人来说，作为无厘头电影的《大话西游》又比作为小说的《西游记》更好理解，或者说，理解成本更低。

难以被察觉的是，"唐僧理解诅咒"困扰着很多人和很多企业。我们常常把同事吵架、父子翻脸、夫妻反目、产品滞销、跨部门沟通鸿沟、政策难以推行、"好事不出门，恶事行千里"等归因于别人难以理解我们的良苦用心，难以理解我们的真实价值，难以理解我们付出的辛劳和做出的牺牲，也常常被自己的文章、产品、自认为的光辉形象感动得一塌糊涂，因为我们觉得这就是真相，受众就应该按照真相去理解。但将事实传递给受众时，他们常常不屑一顾，甚至扭曲理解、丑化我们自认为的光辉形象，让人好痛心！

其实，这些症状即便不是全部，也多半是你中了"唐僧理解诅咒"的表现而已。

本书的目的就是帮你识别和打破"唐僧理解诅咒"，秘诀在于降低理解成本。

1.2 《围城》理解效应

辜鸿铭、陈寅恪、熊十力、马一浮、顾颉刚……这都是近代学贯中西的大师，但对于普通老百姓来说，这些名字都显得很陌生，即便偶尔有所耳闻，也常常只是记住一个名字，至多有几个故事而已。

不过还是有些人例外，典型的如钱锺书。在中国，稍微多读了些书的人都知道他，人们知道他曾经是满腹经纶的才子，娶了杨绛为妻，还有一个女儿。人们甚至很熟悉他的爱情观，熟悉他怎么去看人情世故。

这一切是因为他写了一本小说，也就是大名鼎鼎的《围城》。这本小说可读性很强，而且很幽默，读者可以拿起书毫不费力地一口气从头读到尾。后来中央电视台等单位还把它改编为同名电视剧，这下影响就更大了。

许多人可以毫不费力地背出书中的名言："围在城里的人想逃出来，城外的人想冲进去，对婚姻也罢，职业也罢，人生的愿望大都如此。"

这种待遇可不是所有号称大师的人都能享有的。

我们很多人知道钱锺书，就是因为这本很容易读懂，也很有趣的书。又因为杨绛写的《我们仨》，我们了解了钱锺书的人生和家庭。但大多数熟悉钱锺书的人却不知道钱锺书写过重要的《谈艺录》和《管锥编》，这些大部头著作的学术价值其实很高，但是你也猜到了，都很难懂，或者说，理解成本太高。

想一想，如果钱锺书只写了《谈艺录》和《管锥编》，而没有写《围城》，还会有多少人知道钱锺书？知道他富有才华，但又有多少人知道他对人情世故的洞察鞭辟入里？知道他有一个人生伴侣杨绛，但又有多少人知道她是他难得的灵魂伴侣？

这就是《围城》的理解效应：**打造理解成本低，容易被受众所接受的作品，让它成为理解跳板。在这里融汇你要体现的价值，如价值观、智慧、洞察力、专业能力等。这个跳板不但可以使受众正确理解其中的价值，还可以激发他们更多的兴趣，顺着这个作品来深入理解你，发现你的更多价值。**这和"唐僧理解诅咒"正好形成强烈的反差。

1.3　iPhone、iPad 就是乔布斯的"理解跳板"

乔布斯就深谙降低理解成本之道。

最早他从施乐那里偷师学艺，创新了个人计算机图形化的交互界面，使过去让人手足无措的计算机操作，一下子变得像在自己家灶台上做菜那样容易理解，这就帮助很多普通人轻松地操作计算机，极大地推动了个人计算机的普及。

在 20 世纪末，他重返苹果公司，随后推出 iPhone、iPad。这些产品操作界面极其简洁，非常容易理解和操作，甚至老人和孩子都可以在没有人指导、不看说明书的情况下，仅仅凭借本能就自如地操作 iPhone、iPad。这正好和曾经以黑莓为代表的满是键盘的复杂手机形成鲜明的对比（这些手机看起来很有科技感，很有格调，但是理解成本太高了）。

iPhone、iPad 一下子成为现象级的爆款产品，人们甚至会在新产品上市时在苹果门店前熬夜排长队，只为早点拥有这些让他们容易理解、爱不释手，但其实价格不菲的产品。

所以，乔布斯才会成为我们这个时代的传说和神话，关于他的报道和图书汗牛充栋，纪录片、电影也不在少数，人们在各种场合津津乐道他的传说，乐此不疲地引用他说过的很多话来佐证自己、反驳对手，甚至把"Stay Hungry, Stay Foolish"这种至理名言的出处都扣在了他的头上，其实压根不是（本书第 7 章会对此进行专门解读）。

低理解成本的 iPhone、iPad 就是乔布斯的"理解跳板"。

1.4 打交道不能靠等着对方"悟"

我们经常听到管理者诉说这样的苦恼："我的员工听不懂我讲的话。""他们做的完全不是我所希望的，他们怎么就不能领会我的意图呢？""我的人力资源不行，有没有好的人才推荐给我？"

管理者这种苦恼的潜台词是：下属的悟性太差，总是不能领会上司的讲话精神，下属必须努力揣摩上司的意图。这正是对管理沟通的理解的偏差。

有一次，我听到国内著名管理学者陈春花分享的一个观点："悟性""领会""揣摩"三个词在管理当中都是浪费。这真是振聋发聩啊！因为管理就是要直截了当、清晰地表达。

很多人知道管理者就是决策者，管理就是做决策的权力，而不知道管理者有权行使的其实是这个"权力"：不断地决定下属应该做什么，然后让下属明白，并一层一层地传递下去，实现管理的有效性。下属的执行力够不够，很多情况下不是取决于下属，而是取决于管理者能不能让下属明白哪些方面是最重要的。**事实是，下属的执行力不行，一个重要的原因是管理者的指令无法操作。**

所以管理者必须经常反思：我的每一次讲话方便下属理解吗？我讲的是精神还是指令？要知道，管理者每天所做的决策并不是所谓的重大决策，而是细节的安排，将具体的规定和要求讲清楚，这样就一定能把管理做得很好。你不需要在管理的岗位上还给大家谈精神、思想、观点，而是要谈方案、谈要求、谈行动。

如果你想判断一家公司、一个部门的管理是否到位，你只需要找来上下岗位的两位员工，让该上司讲出对下属工作要求的最重要的三件事是什么，再让该下属讲出上司要求他的最重要的三件事是什么。如果二者所讲的内容不契合，就是上司的失职。

大家可以看到，打交道真不能靠等着对方"悟"。

1.5　可选择性太多的负面影响

知乎上有一位叫顾 lily 的知友，提供了两个研究案例，说明可选择性太多的负面影响。

研究 1

Iyengar 和 Lepper 在 2000 年的研究发现，相对于给人们 24 个或者 30 个选择，只给他们 6 个选择的时候购买率更高。并且，在有限选择（6 个）的情况下，他们对自己的选择更满意。这个研究说明了选择并不是越多越好。

研究 2

Shah 和 Wolford 在 2007 年的研究发现，实际购买行为和购买选择增加的数量呈**倒 U 形曲线相关**，而不是线性相关。也就是说，当购买选择增加时，购买行为也会增加，而当购买选择增加到一个峰值时，购买行为开始下降，即购买选择越多，实际购买行为越少，如图 1-1 所示。

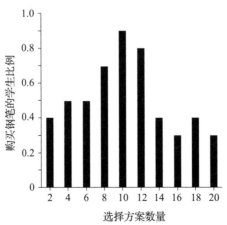

图 1-1　购买钢笔的学生比例和选择方案数量的关系

心理学家认为选择增加而成交减少可能有两个原因：一是符合选择标准的产品也可能增加，决策就更难了；二是评价各种选择的认知负担会加重，导致人们常常会选择放弃决策。

其实，我们可以对照自己的生活经验：如果我们在多个选择中纠结，那么有可能纠结着、犹豫着就不买了，因为我们所做出的大多数消费决策都是感性的。

1.6　降低理解成本的重要性

当我们和别人沟通，或是我们要把产品推向市场时，**我们常常高估自己要传达的信息或销售的产品的价值，而低估或者干脆忽视受众对此的理解成本，不知不觉中就中了"唐僧理解诅咒"。**

我们理所当然地认为，如果我们要"贩卖"的信息或者产品是很有价值的，受众就应该理所当然地接受。我们甚至会在心理上暗示自己：不接受是受众的损失。但实际情况是，当无奈地面对别人的误解或者产品滞销时，我们才能明白损失的是我们自己。

以老板对员工传递信息为例，按理说，掏钱的用户确实没有责任和义务去理解你；但员工不同，他们在企业利益共同体中，或者通俗一点说，拿着工资和奖金，就应该有责任和义务去理解老板，即便是为了拍马屁也应该在这方面表现得好一些。

事实果真如此吗？在企业里，老板得不到理解简直是家常便饭，甚至连企业的制度能否有效地传递到组织的各个部门，让员工们正确理解也是个难题（现在能理解为什么在古代帝王自称"寡人"了吧）。

有的老板会天真地指望员工变得有悟性，员工能够一说就懂，一教就会。这种想法确实表现了这些老板忘了一些基本的事实。

首先，在过去几十年里，这些员工的家长或是老师拧着耳朵都没有让他们变得这样有悟性，在一个企业里，仅仅指望几场打鸡血的讲话或者培训就想做到这一点简直是天方夜谭。

其次，改变一个人要比改变几十、几百、几千、几万人简单得多，成本也要低很多。**为什么我们不试着自己去降低理解成本，而要指望数量庞大的受众去提高他们的悟性呢？即便是一个小学生也很容易算出，前者的成本要比后者低很多，也更容易实现。**

唐代著名诗人白居易的作品广为流传，比如《赋得古原草送别》的前四句："离离原上草，一岁一枯荣。野火烧不尽，春风吹又生。"我们在小学低年级就学过，今天还能轻松地背出来。这是因为这几句诗的理解成本低。当然，记忆成本也跟着降低。

相传，白居易作诗的时候有一个习惯：他会把自己写出来的作品先念给老人听，如果老人听不懂，他会继续修改，直到老人能听懂为止。因此，白居易的很多作品非常容易理解，也容易流传，即便到了今天仍然是经典。

这告诉我们，**如果你的作品理解成本很低，以至于在人群中理解能力相对弱的人都能理解，那么显然你的作品就会流行，被更多的人接受。**

中国古代有句老话："酒香不怕巷子深。"这在古代能成立，因为古代酿酒技术有限，好酒不多，或者说，可选项不多。可选项不多的时候，稍微优秀些的选项就很容易被人注意到，也容易给受众留下深刻的印象。此外，古人不需要朝九晚五地上班，不需要加班加点地处理工作，他们有的是时间去逛深的巷子。

但今天你试试，你的酒再香，如果不下功夫做营销，能有几个人知道？能有几个人真的循着你的酒香，不顾路途遥远，跑到你的酒厂去买酒？

我们这个时代，是典型的"酒香也怕巷子深"的时代。因为吸引受众注意力的信息和产品实在是太多了，甚至泛滥，他们都不知道如何去选择，而且他们用来做选择的时间还那么有限。你如果还想藏在深巷里面，能对你有深刻印象的人可能就屈指可数，更不用说去买你的酒了。

所以，不要哀叹怀才不遇，不要抱怨别人不识货，如果你如歇后语所说"茶壶里煮饺子——有货倒不出"，那么 100 分的你在别人的眼里就会变成 60 分、30 分，甚至可能是零分或者负分。

不要试图提高数量庞大的受众的悟性，这是不可能完成的浩大工程。最简单、最直接也是成本最低的方法，就是改变你自己——降低理解成本。

第 2 章

降低理解成本的 4G 模型

2.1　降低理解成本概述

降低理解成本的目的非常明确：让受众更容易理解和接受我们。尤其当受众与我们有重要利害关系或受众数量庞大时，实现这个目的就显得尤为重要。

今天在各个领域，人们对降低理解成本呼声甚高。在产品经理或者设计师那里，这被称为人机交互的改善；在循循善诱的老师或者善于沟通的高情商人士那里，这被称为深入浅出；在批评者嘴里，这被称为"说人话"；在乔布斯那里，这体现为"Stay Hungry, Stay Foolish"，这句话传颂之广，几乎跟他画了等号，但原话却不是他说的，本书后面我们还会讲到；在任正非那里，这体现为善用类比等手法，很形象地让华为十几万名员工一下子抓住他讲话的要领，比如用冬天来了讲危机感，用都江堰来讲架构的重要性；在宝洁那里，飘柔也好，海飞丝也罢，这些产品从名称到包装，自己就能说话，一下子推动亿万消费者迅速地清楚这些产品的功能和价值点。

《西游记》比《大唐西域记》流传更广；《三国演义》比《三国志》更成功地塑造了大众对三国的认知；钱锺书比陈寅恪、辜鸿铭、金岳霖等更加出名；iPhone 比黑莓卖得更好……降低理解成本的重要性是不言而喻的，怎么强调都不为过。

由此，我们提出了一个**降低理解成本的 4G 模型**，以帮

助那些正在被理解成本问题苦苦纠缠甚至还没意识到这回事
的人。

2.2 4G 模型

2.2.1 Gap：鸿沟

在降低理解成本之前，我们不仅要意识到我们和受众之
间存在着理解鸿沟，还要弄懂这个鸿沟的根源在哪里。千万
不能"天真地"认为，如果我们传递的信息或者交付的产品
是有价值的，受众就会理所当然地接受。

**降低理解成本的目的就是消除理解鸿沟，让受众迅速接
受我们。**

认识受众，尊重对方

**理解鸿沟之所以存在，深层次的原因是受众有自己的理
解习惯和理解能力，要想短时间内改变他们的理解习惯，提
升他们的理解能力难度极大，尤其当受众和我们的背景相差
甚远，或者受众数量庞大时，我们更不要这样痴心妄想，得
承认和尊重这个事实。**（如果不认同这一点，你可以用改变一
个人根深蒂固的习惯来试试，比如吸烟。）

有时受众的理解习惯和我们的相差之大，是我们难以想
象的。

第二次世界大战时期太平洋上有一个小岛，上面的居民和外界接触得很少，处于未开化的状态。打仗的时候，军队进驻这个小岛，一旦缺少物资，军队就会竖起天线，随后就会有飞机飞来投下一些食品，居民们也可以分享到一部分，久而久之，居民们就会对飞机的到来形成期待。战争结束后，军队撤离，再也没有飞机来了。充满期待的居民们就用树枝绑成天线的模样，手舞足蹈地举行仪式做法，他们认为这样就可以呼唤来飞机，因为他们亲眼看到岛上的军队当初就是用这样的"巫术"把飞机呼唤来的（这个案例再次说明，对受众印象形成影响巨大的因素不是"真相"，而是受众的理解习惯和理解能力）。

你不要笑！原始居民就是这样去理解科技的，巫术对他们来说理解成本更低，这就是他们的理解习惯。如果我们真想要跟这帮原始居民打交道，就得承认他们和我们之间存在的理解鸿沟。

有一点可以让我们感到高兴：有一半左右的理解鸿沟出现的原因竟然相同，因为它们都是人性造成的，我们会在这本书里帮助你理解这些原因。

如果能了解一些心理学，尤其是一些进化心理学的知识，清楚人们即便是在 21 世纪受过哈佛大学、耶鲁大学、北京大学、清华大学等高校出色的教育，也敌不过数百万年进化历程给人脑留下的"后遗症"，你很快就能够在一定程度上弄清楚为什么别人总是那么难以理解你，我们在随后的篇章中再详述这个问题。

认识自己，提升能力

当我们发现我们和受众之间存在极大的理解鸿沟，又不可能在短时间之内改变受众根深蒂固的理解习惯，提升他们理解能力时，**唯一的办法就是回过头来重新认识我们自己，保持开放的心态，不断提升我们降低理解成本的能力。**

做到这一点并不容易，尤其对很多聪明人来说，因为他们认为传递给受众的信息或者产品是非常有价值的，如果受众不能接受，那是受众的问题。

所以学霸、商霸很多，但类似乔布斯这样的人真是凤毛麟角。太多人如中国老话所说：茶壶里煮饺子——有货倒不出。倒不出当然就卖不出去了，最终吃亏的还是商家。

聪明的人总是有点自负，不是吗？**自负容易造成封闭，让他觉得自己总是对的。这样做的后果是，即便他真的是对的，抱着这样的态度，他也永远只在一个狭小的领域里是对的，看不到外面还有更大的天地。**

科学之所以有巨大的力量改变这个世界，是因为它总是保持开放的状态，新的科学家总是找到新的证据或者逻辑去批判前人，推翻之前的学说。这看起来有点不敬，也有点浪费。但只有如此，科学才不断地拓宽自己的领域，不断焕发生机。

所以要开放自我，就消除理解鸿沟这件事来说，要不断提升自己降低理解成本的能力。例如雷军的"小米"品牌大获成功、家喻户晓，原因之一就是他之前给很多游戏取了很多看着高大上却不容易理解和记住的名字，而新品牌用"小米"，易懂易记，小米家家都有，人们早就耳熟能详。再如，做保健品生意的人不少，但人们更熟悉的是史玉柱的脑白金，也是这个道理。

降低理解成本还有另外一个好处：一旦你决定要改变自己，主动降低理解成本，并且找到了诀窍，让受众接受了你，最终改变的不仅仅是你自己，还会帮助受众实现认知跃迁。只要做到这一点，你就能跟受众建立情感联系，会让降低理解成本进入一个持续改善的良性轨道。

比如乔布斯就帮助消费者发现了智能手机的好处和乐趣，消费者对科技美化生活有了进一步的认知跃迁，就不太可能退回老式手机的水平上去了，那么苹果再出新品，消费者就会蜂拥而至。再如，《明朝那些事儿》让大众对明朝的历史认知有了一个跃迁，当年不仅这个系列的书很畅销，还掀起了"明史热"，推动了更多有关明史的著作诞生。

2.2.2　Go：行动

要想改变自己，降低理解成本，就需要积极地行动起来。正如要在战场上取胜，人们需要累积大量战术一样，人们对如何有效地降低理解成本也累积了很多方法，我们把这些方法归纳成五类。

相似性

如果把地地道道的中餐放到美国去卖，当地的人接受起来就会有一定的难度。因此进入美国市场的中餐必须针对当地人的口味做一定程度的改良，和当地传统的菜肴口味有一定的相似性，这样当地人接受起来就容易多了。

同样，一个外国人来到中国，如果他会说几句汉语，我们就会感到亲切，比较容易接受他。这就是国外的大明星们来中国演出一定要在现场说几句汉语的缘故。

当我们学会尊重受众的理解习惯和理解能力时，我们就会尽力找出我们的表达和受众理解习惯之间的相似性，而不是试图塞给他们完全陌生的信息和产品。

情感

母亲对小婴儿喃喃低语：妈妈爱宝宝，宝宝爱妈妈。小婴儿理解不了这句话，更听不懂其中的逻辑，但小婴儿很容易体会出母亲所要传达的爱意，然后手舞足蹈地笑起来。对人类来说，情感的理解成本是非常低的。我们也许听不懂一首外国歌曲的意思，但我们却很容易理解这首歌所要传达的情感。

情感会激活我们的注意力，一旦注意力集中，理解能力就会迅速提升。如果一只大狗在我们面前弓着身子咆哮起来，我们压根不需要懂动物学，不需要分辨这只狗的品种和性别，我们马上就会生出恐惧感，立刻回神，意识到自己处在危险之中，迅速做出自卫反应，这一切都只在片刻之间就能实现。

在人群中，情感还具有很强的传染性。从日常观察中我们就能轻易地发现这一点，有些文章一旦激发起人们强烈的情感体验，就非常容易在朋友圈疯传。所以，如果受众的数量庞大，激发受众的情感是一种很有效地降低理解成本的方式。

场景

一场大型的演唱会，亲身到现场和其他歌迷一起与台上的歌星进行互动，这种感受是坐在家里看直播或者听录音完全不能比拟的；网上无论聊了多久的朋友，真正在现实中面对面时才有更真实的感受；我们会炫耀与名人坐到了一起，而不会炫耀只是看到这些名人的照片。

无论你的口才多么高超，当你试图给一个没有吃过榴梿的人描述榴梿的味道时，都不如让他亲自尝一口榴梿的味道；当你试图给一个从没见过鸭嘴兽的人描述鸭嘴兽时，都不如让他看一张鸭嘴兽的照片；而更进一步，看一张鸭嘴兽的照片又不如给他看一段鸭嘴兽的视频；看一段鸭嘴兽的视频不如拉他到现场去看一次真正的鸭嘴兽。

这就是场景的力量，越是具体的场景，越容易让人理解。

人

我们大多数人都知道陈光标，但没有几个人知道他是哪个公司的；当我们向陌生人介绍自己时，我们会陈述我们毕业于哪所大学，现在在哪家公司就职等，其实就是陈述我们曾经和现在属于哪个群体。每天，我们的生活和工作都是围绕家人、老板、同事、客户等人展开的，即使是在享受美食或者喝咖啡这样惬意的时段里，我们也乐此不疲地与人交流。

因为我们害怕孤独，害怕被群体抛弃。

如果没有相爱的人，我们的生命会无味很多，也不能繁衍后代，把自己的基因传承下去。如果我们的老祖宗智人不是因为能够结群，实现人与人的协作，那多半也不能战胜其他古人种，让自己的后代在今天遍布全球。

我们是人，我们对人本身更感兴趣，也离不开其他人，我们更希望寻求人的理解。

势能

如果在朋友圈总是看到一篇文章被频繁转发，即便这篇文章的标题看起来不是那么吸引人，我们也多半愿意打开来看看。如果这篇文章是被我们高度信任的人群频繁转发的，我们甚至可能不经过细读文章就会把文章同样转发出去。

没有一个销售给我打电话推销微信，我甚至没有看到过微信的广告就开始使用它，我之所以会使用微信，只是因为我周围的同事、朋友、同学，还有老板、重要的客户都在用。

没有人系统地教我用过共享单车，我只是很容易注意到天天有人在骑它们，不用到专门的地点去归还，很容易就理解了这种模式的价值；同时不断看到有人扫码，然后轻易推着共享单车上路，操作非常简单。这样的场景天天都会出现，因此，我很容易就理解了共享单车的好处和怎么操作，随后自然成为用户之一。

如果你走进电梯，发现所有人都背对着门，即便你不知道这是为什么，多半你也会采用相同的姿势。

这就是势能的力量，人作为一种群体性动物，非常容易受到势能的影响。

2.2.3　Get：收获

一旦我们学会尊重受众的理解习惯和理解能力，保持开放的心态，提升自己降低理解成本的能力，改变自我，灵活应用如前所述的有效策略去降低理解成本，打破"唐僧理解诅咒"而应用"《围城》理解效应"，那么无论数量多么庞大的受众都会敞开心扉去接受我们，我们会在他们心中形成我们所期待的印象。

这样做的好处绝对不只是让受众一时正确地理解了我们，接受了我们的价值观、我们的想法，喜欢并购买我们的产品。**更重要的是，我们会越来越熟悉受众的理解习惯和理解能力，受众也会越来越习惯我们的表达方式，推动理解的过程进入双向良性循环，且更加持久。**

"得到"就是一个成功的范例，罗振宇通过每天 60 秒的语音等方式，慢慢摸透了受众的理解习惯和理解能力，也让受众熟悉了罗振宇的表达方式。随后，罗振宇就可以把这些范式输出给其他"大 V"，比如薛兆丰，在很短的时间内就从一个对着博士硕士讲课的教授，蜕变为一个被人们争相追捧的经济学网红，这也极大地推动了经济学的普及。

乔布斯在此方向上就更成功了。他推动了苹果的产品和用户在相互理解上共同进化，以至于到了后来，苹果每推出一款新产品都要严格保密；而在看到产品之前，苹果的粉丝们就迫不及待地想把新品纳入囊中。

这些都是降低理解成本的魔力！

2.2.4　Global：全球

我们现代人的共同祖先叫智人。智人大概在 20 万年前出现在非洲大草原上，在六七万年前走出非洲，最后取代了其他古人种而统治了全球。

智人有什么优势吗？他们长得更加高大，还是肌肉更加发达？其实都不是，智人之所以能在诸多古人种中胜出，占领这个世界并成为我们现代人的祖先，重要的原因之一就在于他们有语言，能协作。

如果一个智人单打独斗，未必是其他古人的对手。但一群智人就不一样了，就算是遇到了单个比他们高大得多的其他古人，智人也可以通过语言迅速交流，形成共同的目标：打倒这个高大的家伙！然后确定分工：谁来下套把对手绊倒，谁冲上去给他后脑勺一棍子，谁再把他的手脚绑起来。

靠着语言，智人能相互协作，久而久之，他们就变成了紧密协作的群体，最后成为这个世界的霸主。尽管今天我们时不时地会强调竞争，但推动人类社会前行的动力却不折不扣是协作。

不过后面的问题就来了，语言催生了协作，但它的力量很单薄，即便是文明高度发达的今天，全球的语言都还没有统一起来。而且早期原始人的协作带有"不得不如此"这种被迫的性质，如果他们不联合起来，就找不到足够多的食物，抵御不住猛兽或者敌人的进攻，这些压力强迫大家必须协作。

进入文明社会以后情况就不同了，很多浩大的工程对于个人来说不是非做不可的。比如修路，对于大多数作为个体的人来说，这路有还是没有其实无关紧要。但从长远来看，修路对群体很有利。问题在于，修路需要在短时间内动员很多人来参与协作，怎样才能说服那些觉得这事儿跟自己无关的人积极参与进来呢？这个时候单靠语言的沟通是远远不够的，口头的威逼利诱也无法让成千上万的人加入修路大军。要想在短时间内动员起大量的人参与，又要面对这些人的智力高低不同、道德素养不同、利益诉求不同，甚至语言不同的情况，那就需要一种大家都能快速理解、共同接受的方式。

于是，人类快速协作的助推器就登场了——钱！钱的理解成本非常低，只要不是智力糟糕透顶的人，都能快速理解它的好处，都能因为它的驱动而快速做出决策、快速行动。例如，冒险者喜欢探寻全球不同的文明，但无论走到哪里，他们都需要解决一日三餐的问题。怎样才能从文化背景不同、宗教背景不同、语言不同、友好程度不同的人那里快速获得食物和水呢？

很显然，明智的做法不是给对方展示肌肉、秀枪炮，也不是说《论语》、讲《圣经》，而是给对方亮金子。真的，再没有一招能比这招更管用了，竟能让全球各地形色各异的人尽快地把他们的食物和水拿出来！虽然他们的文化背景不同、宗教背景不同、语言不同或者友好程度不同，但他们都能快速理解金子的好处，可以说，金子的理解成本是非常低的。

所以虽然有时候我们也批评钱、鄙视钱，甚至憎恨钱，但我们不得不承认，就是因为钱的社会理解成本如此之低，才能穿透文化、宗教、语言等差异，把人类的协作推向了一个新的高度，以至于我们今天用"地球村"来称呼我们曾经花费数十万年才踏遍足迹的星球。全球贸易已经如火如荼地推进了。

降低社会理解成本能推动全球历史进步！这绝非夸大其词，事实上，我们一直在为此做着不懈的努力。例如，秦始皇统一了度量衡，**统一标准的制定大大降低了社会的理解成本**。波音公司能有信心，把数万公里之外制造商做的零件安装到它的飞机上，就在于波音公司相信这个零件的制造商和波音遵守了同样的度量衡标准，假如它们对如长度这样的标准的理解是不一样的，那就算它们彼此紧挨着，波音公司也不敢从隔壁采购零件。再如，今天类似机器翻译等技术在不断取得突破，也是为了降低社会理解成本，推动一个全球协作时代的到来。

Get the Point
Immediately

第3章

Gap：鸿沟

3.1　消除鸿沟

人类个体之间的巨大差异，决定了理解鸿沟的必然性。

每人一张嘴，各说各的话。而脑袋长在各自脖子上，真正的万众一心、意志统一恐怕只能出现在《黑客帝国》里。这个鸿沟造成过无数的误会与矛盾，但也成就了大量的演说家和教育家，在今天，更是成为不少商业模式顺利运营的重要前提，比如咨询、顾问和知识付费。

每个人的知识储备、人生阅历和观点态度都有不同，而人又是最为强调交流和合作的社会动物。张嘴说话，一不留神就会变成鸡同鸭讲，而鸿沟就从这儿来。最尴尬的莫过于"秀才遇到兵，有理说不清"。

公元前 212 年，古罗马军队入侵叙拉古，说过"给我一个支点，我就能撬起整个地球"的阿基米德就死于这一时期。不过他死得有点冤，卓绝的数学、天文学和物理学知识在鬼门关前没能帮上阿基米德。彼时他已经是位 75 岁的老人了，但在古罗马人看来，他依然具备重大的利用价值。于是，古罗马军队的统帅马塞拉斯专门派人去搜寻阿基米德，毕竟人才也算是战略物资。搜寻队的士兵冲进了一栋住宅，看到一位老人正埋头画着几何图形。面对士兵的质问，老人只是一个劲儿说："等一等再杀我，我不能给世人留下不完整的公式！"经过战争中屠戮的洗礼，士兵大概没什么心思去等一个老头，更没心思去理解"留下公式"的重要性，于是士兵一刀砍下去，阿基米德的公式最后还是没有写完。等阿基米德咽了气，士兵才琢磨过来——自己貌似亲手把上司交代要活捉的人给砍死了。

细细想来，阿基米德未必是一心求死，士兵其实也想抓个活的，如果当时还能"好好说话"，消除双方的理解鸿沟，也许今天的科学界又是另一面貌。

阿基米德被杀后，马塞拉斯震怒，把杀了阿基米德的士兵处死了，随后厚葬阿基米德，还在墓碑上刻下了"圆柱内切球"的图形以示纪念。

一次理解鸿沟造成的矛盾，让矛盾双方都把命丢了。

同是公元前，中国另有一位文化人，他的一大优点就是在教学过程中消除理解鸿沟。《论语》中记载了他的弟子颜回说过的一句话："夫子循循然善诱人，博我以文，约我以礼，欲罢不能。""夫子"所指，便是孔子。用今天的话来说，颜回想表达的是这个意思：我老师特擅长一步步由浅入深地引导我学习，同时还分享知识来扩大我的眼界，并用礼仪规范来约束我的行为，让我觉得学习真是一件愉快的事，完全停不下来。

老师与学生之间的认知差距，是一种最典型的理解鸿沟。面对这条鸿沟，孔子尤其擅长快速精确地让学生明白"老师到底想说的是什么"。

比如"逝者如斯夫，不舍昼夜"，用了比喻的手法，说的是时间如流水；又如"学而不思则罔，思而不学则殆"，营造了文学的美感，朗朗上口；再如"三人行，必有我师焉"，把"勤向他人学习"的道理高度场景化，从而成为流传至今的名句。

高效地消除理解鸿沟，是一个让我们帮助受众完成认知跃迁的过程。消除理解鸿沟的过程，本质上是一个在思想上位移的过程。帮助受众跳过认知的裂谷，我们要借助各种各样的工具，或扶，或搀，或拉，或拽，总之就是要够快够准地让受众与我们成为"自己人"，让受众理解我们到底想表达什么，甚至是分享我们的思维框架，进而获得与我们一致的观点、态度，甚至决策。

帮助人们进行思想位移的工具繁多，合适的就是最好的。在众多超级英雄里，"闪电侠"人气颇高，原因就是他那近乎瞬移般的速度，魅力真的巨大到不容忽视。最合适的表达手法其实就是让信息传递者化身成思维闪电侠的超能力，而最具效力地消除理解鸿沟，便是"认知跃迁"——一步到位，直击内心。"跃迁"有"远程精准定位打击"的感觉，而为了保证步子迈得够快、够远，变理解成本的"天堑"为通途，就必然要借助众多的技术。而这些技术的应用，必然建立在两种行为原则之上：接受受众，以及改变自我。

3.2　受众接受习惯至上，自我改变拥抱受众

"知识的诅咒"：当一个人知道一件事后，他就很难理解

自己不知道这件事的情形。因为你理解了这件事，就觉得这件事很容易，给对方描述这件事时，就不自觉地轻描淡写、省略掉很多信息，而这些被省略的信息恰恰是对方完整理解这件事所欠缺的，这就产生了理解的鸿沟——你默认对方已经知道，其实对方不知道。

要破除"知识的诅咒"，必须要做到以下两点。

第一，我们需要从"以自我为中心"改变为"以受众为中心"，认识受众，尊重受众，受众的接受习惯至上。现在信息这么泛滥，我们讲了多少意义不大，对方听了多少才有意义。在这方面，"得到"App做得很好，在"得到"App上，无论频道的主理人是北京大学或清华大学的教授，还是企业家、艺术家、心理学家等，都被要求在讲述的时候，以"受众是'小白'水准也能听得懂"作为音频产品内容可通过的基础条件。为了让主理人有更好的现场感，据说每次录音频时，"得到"团队会安排一个大学毕业不超过3年的"小白"坐在主理人对面，如果主理人讲的内容这位小白听不懂，那么主理人就要更换表达方式。因此，以受众为中心，首先要认可受众的习惯，以受众的习惯形式、知识储备来组织信息，不要认为用对方的语言讲太容易了，不够凸显自己的格调，只有格调但对方听不懂是没有任何意义的，就像一位世界500强企业高管回到家里，和正在读幼儿园的孩子说话，必须切换到孩子的频道一样，否则沟通无效。

第二，意识到我们需要调整为"以受众为中心"，这只是第一步，只是"开放思维"层面。很多人也想调整，但每次都不自觉地把信息陈述得太复杂了。这就是有开放思维，但没有表述能力。我们需要认识自己，提升能力。在这方面，我们需要刻意学习，比如同一个信息，我们有几种表达方式，每一种方式适用于什么样的场景？能否借助一些手段把信息描述得更加通俗易懂？本书的主要章节是在阐述这点，通过相似性、情感、场景、人和势能等，把我们的表述能力提升到更高层面。

3.3　理解鸿沟从哪儿来？从进化中来

先提一个很有趣的问题，今天我们这些号称接受过高等教育的人都知道，吃高糖和高热量的食物是诱发人类肥胖的重要原因，这些食物是导致糖尿病的元凶，但为什么我们看到甜甜的美味，比如诱人的奶油蛋糕，还是经不住诱惑地大吃特吃呢？

根本原因在于我们的大脑。

不论我们受过多少高等教育，学习过多少理性的知识，我们都不得不承认这样一个无奈的事实：我们的行为是由我们的大脑指挥的，而我们的大脑是历经千百万年进化的产物。从古人种开始算，我们的大脑至少也有 500 万年的历史了。我们现代人的老祖宗智人也有 20 万年的历史了。听起来也许不太那么让人喜欢，但我们不得不承认的事实是，在漫长的约500万年的历史长河中，人类就生活在比今天的猩猩、猴子强不了多少的状态里。你也许觉得这与自己无关，谁会在乎自己的祖先究竟是不是披一块兽皮，甚至赤裸身体就在大草原上赤脚奔跑，手持棍棒、大呼小叫地追赶猎物呢？

你确实不用在乎这一点，但有一点你不能忽视，你的大脑就是在这几百万年的漫长进化过程中，由你的祖先遗传下来的，深深打上了这数百万年蛮荒生活的印记。在这数百万年漫长的历史中，人类每天的生活都是在寻找食物，不仅为自己，还得为一家老小。然而狩猎和采摘总是不能提供足够的食物，原始人总是处在热量稀缺状态。这是很残酷的事情，那些总是无法摄取到足够热量的人在进化中就被淘汰了。

补充糖分是补充热量的好方法。淋了大雨跑回屋内，人们总是喜欢喝一杯热糖水，身体就会迅速暖和起来。根本的原因不在于热糖水是有温度的，而在于它们富含糖分。所以原始人一旦遇到富含糖分的食物，如甘蔗、香蕉，就会放开肚子吃个够，这样他更容易获得热量，有更高的概率可以生存下去。**久而久之，人就进化出了对糖分的偏好，或者说，降低了对糖分的好处的理解成本。**原始人不会把糖的好处写到教科书里面去传给他的子女，但经过进化的舌头却能做到这一点，只要尝尝香蕉或者甘蔗，马上就会觉得很甜，有愉悦感，然后大脑就会敦促你迫不及待地吃下去，这种生理机制在人的大脑里根深蒂固。

人类进入文明的时间非常短暂，目前有据可考的历史不过就六七千年；进入轴心文明时代也只有两三千年的历史；进入近代科技时代才有五六百年的历史；而进入互联网时代不过半个世纪。

这就是人类进化中的一个尴尬之处，我们生理基因的进化有数百万年的历史，现代文明的基因则只有几千年。要命的是，文明的基因进化得实在太快，速度是生理基因的进化远远跟不上的。我们学会了种植甘蔗、香蕉，学会了给它们施肥、治虫，学会了大规模提炼糖。这一切发生的时间如此之短，曾经在数百万年漫长历史中稀缺的糖分，在短短几千年之内就变得满大街都是，今天你不需要花费多少钱，就可以获得一个原始人一辈子才能吃到的糖分。

文明的飞速跃进，让糖一下子从稀缺品变成了日常品。它开始从有利于我们的生存，变得因为过量而不利于我们的健康。但我们的生理基因对这件事情反应很迟钝，我们仍然固执地认为糖是好东西，一旦见到就要赶快吃掉。结果就发生了我们前面谈到的那一幕，一块奶油蛋糕递上来，我们进化了 500 年的科技脑告诉我们这不能吃，否则不利于健康。但那进化了 500 万年的动物脑马上告诉我们，赶快吃掉，这是好东西啊。显然，与 500 万年相比，500 年短得不值一提，于是尽管知道不利于健康，我们大多数人还是把这块奶油蛋糕吃了下去。

这就是进化对人根深蒂固的影响。一方面，进化确实降低了我们对一些至关重要的事物的理解成本，比如前面提到的糖分，你根本不需要看什么教科书，也不需要问什么有智慧的老爷爷，尝一口马上就会感到很愉悦而很愿意吃下去。另一方面，**500 万年的进化历程，让我们的感官理解更发达。**尝到糖分我们就会感到愉悦，看到蜘蛛或者蛇我们就会感到毛骨悚然，走到悬崖边往下看我们会感到恐惧。

但我们理解语言、理解概念，尤其理解抽象的概念和精巧的逻辑才只有几千年的历史，不客气地说，我们的大脑还远远没有进化到易于理解抽象概念和逻辑的程度。 所以我们大多数人喜欢看电视胜过学习，喜欢读小说胜过读学术论文。当我们要给一些危险品，比如火药、毒药等打上标志，警告别人不要接近时，我们不是把这些危险品的分子式写在告示牌上，而是会画一个骷髅和两个交叉的大腿骨，这样所有人一看就能明白，这玩意儿是不能随便接近的。

3.4　知识的诅咒

知识不同于金钱。钱花了就是花了，但思想和知识不会随你的意愿离你而去——就算你特别努力地去尝试，都不行。你可以用一分钟的时间来尝试忘掉自己的电话号码——你会发现你根本做不到，甚至还会起到恰恰相反的效果。的确，人的记忆机制决定了人会忘记一些事情，但"遗忘"并不受主观控制，所以我们总会尴尬地发现：想记的记不住，想忘的忘不了。这就构成了一个与理解成本直接相关的心理学效应：知识的诅咒。我们很难在通晓了某件事情之后，重新回归到尚不知这件事情时一头雾水的状态。也恰恰因为这难逃的诅咒，我们向他人描述我们已知而他人未知的信息时，更难做到设身处地、通俗易懂，也更难做到深入浅出。这直接造成了很多教师在课堂上面发飙敲黑板："我都讲得这么明白了，你们怎么还是不懂！"很多老板在会议室里掀了桌子："我讲了多少遍了，你们怎么还是不明白！"很多家长在孩子面前气急败坏："你这孩子咋记吃不记打呢！说了多少遍还是不改！"

原因其实简单：**会者不难指的是会者对于知识和技能有足够的把握，但对于会者来说，最难的恰恰是重回不会的状态，找到那份足够与不会者共情的同理心。**这方面的经典研究来自斯坦福大学。1990 年，斯坦福大学心理学系学生伊丽莎白·牛顿（Elizabeth Newton）主持了一个简单的心理学实验，揭示了这个植根于每个大脑中的诅咒。她把应邀前来参加实验的人分为"击节者"和"听猜者"两组，共同参与一个小游戏。两组成员被随机两两配对，而游戏的规则也非常简单：两人中的击节者选择一首耳熟能详的歌曲，并通过指关节敲击桌子来表演这首歌的旋律与节奏。而听猜者则通过观察与倾听，尽量猜出对方演奏的是哪首歌。

在伊丽莎白的研究中，包括《祝你生日快乐》和美国国歌《星条旗永不落》在内的 25 首每个美国人都熟悉的歌曲，被不同的击节者主动挑选并演奏了 120 次。与此同时，不同的听猜者则做出了对应的回答，说出他们听到的到底是哪首歌。这 120 次里，被猜对的只有 3 次，命中率仅仅 2.5%。

更有趣的是，每个击节者在开始演奏之前，都会被问到这样的问题："你觉得对方有多大概率猜出你准备在桌子上敲出来的歌？"他们得到的回答尽显自信，击节者们给这一问题提供的答案的平均数是"50%"。不难想象，当时的实验者面对的一定是拥有无端自信的击节者们，以及满脸困惑越听越糊涂的听猜者们。

50% 的预期和 2.5% 的实际情况，这中间的落差就是知识给我们的诅咒。这个诅咒造成的直接后果，就是巨大的理解鸿沟和每一个表达者都难以规避的理解成本。很多企业在表达自己的愿景时就极容易陷入知识的诅咒。老板与董事会或许深知什么是"高标准服务""倡导研发精神"或者"产品质量为先"，但这些强调"你要怎样怎样"的话在员工看来，难免流于"假大空"。

联邦快递（FedEx）有一个对于内部员工的奖励机制叫作紫色承诺奖（Purple Promise Award），会给那些彰显了联邦快递服务文化的员工颁发奖杯、奖牌、来自企业的感谢信和一笔不菲的奖金。评选标准倒也直白：如果员工通过奉献和付出，帮助联邦快递践行"准时送达保证"的服务准则，就可以获评奖项。为了更好地说明这个奖会颁发给什么样的员工，联邦快递把一个故事关联于该奖项，更加直观地说明了情况：在纽约，联邦快递的一辆送快递的卡车半路抛锚，而且救援的替换车辆迟到了。抛锚车辆的女司机主动步行送了几件快递，不过毕竟效率太低，有好几个件还是眼瞅着要延期送达。情急之下，这位司机找到了联邦快递竞争对手公司的卡车，并说服了对方，搭了几站便车，最终准时送完了所有的快递。这就可以评得上紫色承诺奖。

相较于来自高层口中冷冰冰的词汇，一个真实而且暖心的故事把表达重心落在了信息的受众身上。老板懂而员工不懂的那些话，在跨越理解鸿沟的过程中，终归不敌融合了尊重员工与形式优化的表达。应对知识的诅咒是一场攻坚战，还好能帮上忙的武器从不单一。在降低理解成本的尝试中，有五种最为典型的技术：相似性、情感、场景、人和势能。

Get the Point
Immediately

第4章

Go：行动

4.1　相似性

4.1.1　熟悉的陌生人

清朝时期，台湾的主要人口由三类人构成：一是当地未被汉化的人，被称为"生番"；二是一些已被汉化的人，被称为"熟番"；三是从大陆的东南沿海地区迁徙而来的汉人。而清朝在台湾当地的统治主要仰仗的当地力量，既非算得上"自己人"的汉人，也不是在当地人多势众的生番，而是介于他们之间的角色：熟番。

熟番所拥有的跨界身份让他们拥有了比较独特的优势，不管是对汉人还是对尚未开化的老乡，他们都算得上是"熟悉的陌生人"。既听得懂土语，又着汉人衣衫；既参与传统节日的仪式，又效忠于朝廷——跨界性质的身份与表现，让熟番在两边都能获得一定程度的认可，也让没法沟通的两个人群，降低了彼此之间的理解成本。

"部落主义"是人类进化而来的心理本能，这让我们能够尽量保持和靠谱的同类人抱团取暖。但今天，这种心理倾向却让人们对完全陌生的人、物与场景直觉性地抱着审慎甚至敌视的态度。"非我族类，其心必异"在今天往往并不适用，但它仍然是人类在面对陌生事物时的心理预设。很多时候，一个中介变量——"熟悉的陌生人"就可以快速地击破这种隔阂，既然直接的对话因为太过陌生而显得不够顺畅，那不妨就来一次有介绍人的三方会谈。除了寻找一个中间人来降低理解成本外，给自己增加一些跨界的元素往往也能起到一些惊艳的效果。

每种文化都有对外来文明的侮辱性称呼，"东夷""西戎""南蛮""北狄"都不是什么好词儿，至于"毛子""棒子"更不怎么中听。但电视上一旦出现一个身着全套行头，带上髯口，张口就是经典京剧选段的外国人——人们对于他的认可感会陡然提升很多。

中国人对于马克·亨利·罗斯韦尔（Mark Henry Rowswell）这个名字恐怕并不熟悉，但他的另一个名字"大山"恐怕不少中国人都耳熟能详。1989 年，大山成为第一个登上央视舞台演喜剧的外国人，而随后的十年里，正式拜入相声名家姜昆门下的大山更是在中国迎来了自己的影响力巅峰。

将近 30 年后，一些综艺节目在中国用着类似的套路获得了不错的收视成绩。这些节目通常都会选用来自不同国家的青年，他们性格迥异、各有特色，但都拥有一个共同特点：会中文。这些嘉宾用中文来阐述他们自己国家的文化，并依托这种跨界属性，成功地取悦了节目受众。

完全的陌生容易引来戒备，但加上些微的熟悉，就能够表现出很奇特的魅力。2017 年，中国国家主席习近平与当时的美国总统特朗普共同参观故宫博物院，在宝蕴楼茶叙期间，特朗普用平板电脑向习近平夫妇展示了其外孙女阿拉贝拉用中文演唱歌曲、背《三字经》和古诗的视频。而这件事又直接引爆了中美两国的社交媒体，阿拉贝拉说中文的视频在中文网络中获得了大量传播，而美国 CBS 电视台的热门脱口秀节目《艾伦秀》也专门就"总统外孙女学中文"展开了深度追踪报道。

"熟悉的陌生人"兼备了新奇感和认同感，故而在激起人们的探索欲时，也可以很好地保障人们的安全感，而这也为降低理解成本提供了绝佳的前提。

新生事物往往意味着极高的理解成本，因为它们与旧事物的差别太大了，想要降低人们对新事物的理解成本，就得让这个新事物在某些方面与人们早已熟悉的旧事物具有相似性。当汽车最早在 100 多年前出现时，社会理解进而接受这个新生事物就花费了不少工夫。那时在伦敦街头跑的大多是马车，人们从未见过这种黑隆隆喘着粗气的钢铁家伙。不仅是人们难以理解新冒出来的汽车，连马都理解不了这个新家伙，伦敦街头就常发生汽车把拉车的马惊吓了的事故。如何让人们包括马匹都能接受新的汽车呢？有人就想出来一个好主意——给汽车套上马头。一下子汽车就变成了这样的形象：内在核心是一项新兴科技的革命产物，不过从外观上来看仍然很像人们熟悉的马。慢慢地，伦敦市民，包括伦敦的马就安然接受了汽车这种新事物。

进入异乡的餐饮市场也是如此。今天每一个城市都会开很多来自他乡的餐馆，仔细品尝你会发现，一个异乡餐馆能扎根在陌生的城市里，菜的口味往往是经过改良的。也就是说，如果在纽约开个中餐馆，完全做成地道的中国口味会难以被纽约人接受，菜品必须带有某种纽约人熟悉的口味，才好进入纽约市场。

"熟悉的陌生人"效应会大幅度降低人们对新事物的理解成本，如果这个"熟悉的陌生人"能视觉化、具象化，就会更好地起到这个作用。

2015 年，北京龙泉寺推出了贤二机器僧，它的内核实际是一个融合了人工智能技术的机器人，不过在外观上，贤二机器僧则采用了一个大家熟悉的萌萌的小和尚形象，非常可爱。这一下子就大大激发了各方来客和贤二对话的热情，使龙泉寺微信公众号的粉丝大涨。很多人都要在临睡前听听贤二今天又说了什么，并时不时就想跟贤二聊上几句。在他们眼里，和他们聊天的不是冷冰冰的人工智能技术（这是他们完全陌生的），而是一个既可爱又有智慧，还善解人意的小和尚（这是他们非常熟悉的）。自然，龙泉寺也通过这样巧妙的交互方式，使佛法在更大的人群里普及。

"熟悉的陌生人"效应在企业场景中也能起到事半功倍的效果。任正非把熵从自然科学应用到社会科学，并在华为落地。"熵"是一个物理学的深奥概念，任正非却用非常巧妙的方法做了解读。他给华为思想研究院的丁伟和华为大学执行校长陈海燕主编的《熵减：华为活力之源》作序，让我特别感慨，再次发自内心佩服这位睿智的老人对大自然规律和人性的洞悉。我今天也把这篇短文分享给大家，大道至简，字字珠玑，直击本质。

熵减的过程是痛苦的，前途是光明的

水从青藏高原流到大海，是能量释放的过程，一路欢歌笑语，泉水叮咚，泉水叮咚，泛起阵阵欢乐的浪花。遇山绕过去，遇洼地填成湖，绝不争斗。若流到大海再不回来，人类社会就死了。当我们用水泵把水抽到高处的时候，是用外力恢复它的能量，这个熵减过程多么痛苦呀！水泵叶片飞速地旋转，狠狠打击水，把水打向高处，你听到过水在管子里的呻吟吗？我听见过："妈妈我不学钢琴呀！""我想多睡一会儿。""妈妈痛，好痛呀！我不要让叶片舅舅打我呀！我做作业了。"

人的熵减同样。从幼儿园认字、弹琴到小学学数学，从中学历史、物理到本科、硕士、博士，考试前的不眠之夜……好不容易毕业了，又要接受 ABC 的考核、末位淘汰等的挤压。熵减的过程十分痛苦，十分痛苦呀！但结果都是光明的。从小就不学习，不努力，熵增的结果是痛苦的，我想重来一次，但没有来生。

人和自然界，因为都有能量转换，才能增加势能，才使人类社会这么美好。

任正非

2018 年 1 月 15 日

任正非在这篇序文中，采用的就是"熟悉的陌生人"的方法，以我们非常熟悉的孩子成长场景来解读，这个场景几乎没有人有隔阂感，哪怕只有小学文化的人都能秒懂，这是他非常厉害的地方。

4.1.2　对比：屡试不爽的经典手法

有些体验，我们绝大多数人都经历过，比如爱情，谁还没有一段刻骨铭心的爱呢？

我们会认为，如果跟人交流这种人人都有的体验，大家应该能秒懂。

但你会发现，当你和他人交流爱的感受，即便这个人跟你很熟悉，甚至是发小、闺密，也很难真正和你形成共鸣。在你心底里那种刻骨铭心的爱、海枯石烂的爱，让你痛得死去活来，当你试图用言语表达出来，声泪俱下，别人听罢，只是拍拍你的肩膀，然后丢下一句——想开点！

对于爱情这样人人皆有的体验，但凡你说出来，正常人中没有人不知道它是什么。但恰恰就是这种"人人都懂"的体验，造成了极大的模糊性，真是应了那句话："你不说，我还明白。你越说，我越糊涂，仿佛我谈了一次假的恋爱！"

《秒懂力》第 1 版问世以后，我就创业了，和合伙人创立了氢原子。要想在创业中继续秉持"轻营销"以小博大的精髓，那就需要继续研究"秒懂"这件事，好好打磨我们的产品，打开我们的影响。

于是我很用心地去研究了很多经典的电影、小说，研究它们是怎么去表现类似爱情这样人人都懂，但很难以说透的体验。

我查了 IMDb 票房排行榜，大概在 2020 年时，这个榜的 TOP100 几乎都是科幻片，在 TOP10 中，9 部是科幻片，只有 1 部是爱情片。

你猜是哪一部？

答案是《泰坦尼克号》。

于是我开始推敲起这部片子来。一个问题很快就袭来：这部片子的故事，为什么不从男主角、女主角上船开始讲起，而是要从已经变成白发苍苍老太太的女主角开始讲起呢？这样的叙事结构是不是有点啰唆，显得多余？

我推敲了一阵子，居然与答案不期而遇。

有一天正在电梯间，遇到一对带着孙子的老夫妇，两人为一点小事开始拌嘴。我莫名涌起一种感受，多少人就像这对老夫妇一样，相伴了一辈子，还是彼此不让，一点小事就可以吵起来。

就这一刻，我突然领悟到《泰坦尼克号》的故事为什么要从一个老太太开始讲起。

现实里，绝大多数爱情故事是这样的：一对相爱的人走进婚姻的殿堂，然后结婚生子，在一个屋檐下生活一辈子，就像我在电梯间遇到的那对老夫妇一样。

这样的爱情，是你父母的爱情、你爷爷奶奶的爱情、你隔壁邻居的爱情，但不是搬到好莱坞的屏幕上，能赢得票房TOP10 位置的爱情。

屏幕上的爱情，必须荡气回肠、与众不同。

所以，只是写一对爱人爱得死去活来，这就太单调了，没有冲击力，必须用到对比的手法。

现实里的爱情，必须有支撑——性、婚姻、陪伴。没有性、婚姻、陪伴做支撑的爱，可以坚持多久？

看看我们生活里数不清的异地恋，勉强坚持了一阵子就无疾而终，我们知道这很不容易。

所以《泰坦尼克号》讲爱情故事，高明就在这里，最感人的不是身为平民的男主角赢得贵族女孩的芳心，也不是女主角不攀附富贵，而愿意追随真爱，而是男主角愿意为了相识不久的女主角，献出自己的生命，以及在接下来的半个多世纪里，没有男主角带来的性、婚姻、陪伴，女主角却在心里珍藏了男主角一辈子。

当性、婚姻、陪伴都缺席时，又没有第三人的眼光监督评审，女主角却始终对男主角念念不忘，这种强烈的对比，才显得这份爱的真挚和长久。

真爱，这种似乎人人都有，人人都懂，人人都能说上几句感悟的体验，在好莱坞的电影里，用对比的方式让你秒懂了，两个小时就能让你哭得死去活来，心甘情愿为这部大片买单。

顺带说一下，《泰坦尼克号》在中国创造了一个奇迹。时隔十多年后，它翻新了一个 3D 版，居然又刷了一次票房。虽然电影里没有上天入地、英雄变身、怪兽出没的镜头，但人们仍然争先恐后地走进电影院。因为这个故事通过对比，把真爱表现得淋漓尽致。

从那以后，我就开始特别留意类似的表现手法。很快，我又在其他艺术作品里找到了类似的手法，例如东野圭吾的《白夜行》。他也用了对比的手法，而且用得相当大胆，比《泰坦尼克号》更加反常规。

我们先来想想，在现实世界里，我们什么时候会认为一个人人性尽失，更谈不上真爱这回事？

答案是，这个人无恶不作。

假如这个人犯过强奸、杀人等十恶不赦的罪行，我们会认为这个人简直无可救药，是个十足的人渣，这种人怎么可能有真爱？

但《白夜行》就建构了这样一个反差，建构了一个强烈的反常规对比。

男主角深爱着女主角，为了女主角，男主角犯下了各种罪行。男主角能犯下这些滔天罪行，我们会想，这一定是个自私、占有欲很强的人吧，他对女主角应该只是想占有，谈不到爱这回事。确实，男主角很自私。但更自私的是女主角，她只想嫁入豪门，只想自己的前途，即便男主角敢为了她冒天下之大不韪，甚至最后献身，她也没有对男主角有过丝毫的动心。全书是这样结尾的，男主角重重地摔在地上，马上就要咽气了，生命里最后的眼神，还是盯着女主角的背影。即便女主角知道，男主角也许此刻最想看她正脸一眼，如果她转过头来，甚至为他落泪，男主角会了却很多心愿。但也许为了撇清关系，女主角头也不回地走了。这种强烈对比构成的反差，才会让你感到男主角对女主角的爱有多痴迷。

对比的手法，我们在小学语文课本里早早就学过了，但真正让我对这个手法印象深刻的，是莱昂纳多·迪卡普里奥的电影《飞行家》。在这部电影里，他扮演了一个飞行狂人，其中有一幕，是用镜头拍摄飞机在天空里组队飞行的豪迈。但是这一段翻来覆去地拍，始终拍不出飞行狂人要的效果来，他百思不得其解，反复看那些桥段，终于恍然大悟。如果天空上只有几架飞机，没有其他任何参照物，那无论如何也难以看出这些飞机飞行时如雷如电。要想把飞机的飞行气势拍出来，绝对不能用空荡荡的天空作为参照物，这太无趣了，一定要引入大家熟悉的参照物，对比出飞机的速度、飞行变换的迅捷。

处理的诀窍也很简单，就是以云作为参照物，再来拍机队。

这一下，视觉效果就完全不一样了。云飘在天上，相对来说是静止的，有了云作为对比，飞机在云间穿梭自如、如雷如电的感觉一下就表现出来了。

这就是对比的力量。

有些体验想用逻辑的方式阐述，难以把体验的强烈度传神地描摹出来，不妨找找大家熟悉的事物作为参照物，与要描摹的体验形成对比，一下就能让人们迅速抓住这种体验有没有"海枯石烂"的感觉。

在创业中，我打开亚马逊官网，找到电影剧本写作技巧排行榜，然后把 TOP20 的榜上书名抄下来，挨个读。其中有一个经典系列，叫作《救猫咪》。这个名字听起来好奇怪，为什么叫"救猫咪"？看了内文我才知道，作者说，有些电影，主角给人一个非主流好人的感受，甚至有点像个小混混。其实，观众之所以愿意走进电影院，就是为了看到一些和日常生活里不一样的故事，要有点离经叛道，有点非主流，比如最新版的"哪吒"。但是，如果过于非主流了，会让观众缺少代入感，甚至会引发观众的反感。这个时候怎么办呢？如何让观众能一下接受这个多少有点非主流的形象呢？其实办法很简单，就是让这个非主流的主角，能在影片开始不久，上演一次"救猫咪"的故事。有些角色，我们天生觉得就是好的、善的、需要我们呵护的，比如婴儿、小猫、小狗等。加入一个看起来有些非主流的角色，看起来离经叛道的角色，能拯救一只看起来很萌很可怜的小猫咪，马上所有观众都会在内心为他点赞——这是个好人，我希望他赢！作为导演，你需要让观众有代入感，秒懂主角其实不像外表看起来得那么坏，最简单的方式就是，让他"救猫咪"！一个看起来玩世不恭的人，和他拯救猫咪的善举形成强烈对比，这个反差会让观众迅速爱上这个角色。

这种手法在好莱坞影片里屡试不爽。

例如，绝地反击的故事我们听多了，但如何让一个壮年男子赢得人们的同情，让人们迅速秒懂，这是我要支持的角色，他一定要赢呢？

在通常情况下，一个壮年男子是很少能引起观众同情的，但如果这是一名单身父亲，而且是一名深爱孩子的单身父亲，情况就完全不一样了。

这就是《当幸福来敲门》，这个黑人父亲孤身一人，带着孩子流浪，四处找工作，白天他把孩子送到廉价幼儿园，晚上和孩子相拥睡在公共厕所里。这一幕，会立刻把观众的心揪起来，他们立刻秒懂，这就是我要支持的人——不是一个壮年男子，而是一个深爱孩子的单身父亲。

这个片子大获成功，成为影史经典，在相当大的程度上，归功于对父爱如山的描绘相当传神。

这里特别提示一下，假如这部影片的主角不是男士，而是女士，那么影片的效果会大打折扣。因为在大多数人的观念里，母亲照顾孩子无微不至，那是天经地义的，相反，父亲能如此爱孩子，这个反差才值得关注。

倒过来，假如母亲没有履行照顾孩子的责任，则会引发极大的关注。

早些年有一则新闻，一位不负责任的母亲，因为吸毒，把两个孩子反锁在家里，很多天过去了，孩子活活饿死。这件事情引发了很大的社会关注，人们觉得不可思议，母亲怎么可能这样虐待自己的孩子，怎么可能如此不负责任呢？

换句话说，如果不是一位母亲，而是一位父亲做了同样的事情，会引发如此大的关注吗？我觉得很难。

所以，要和人们的观念形成强烈的反差对比，人们就能迅速秒懂导演要传递的情感信息，成为主角的支持者甚至拥护者。

在《这个杀手不太冷》中，我们就不难看到这样的手法。

杀手显然是冷酷无情的，他应该杀人不眨眼，但是这个不太冷的杀手救下了一个小女孩。而且绝非异性相吸的缘故。其实，杀手出于职业心态，不是没有动过要杀掉小女孩，去除一个累赘的心思。但他最终没有这样做，而是把这个小女孩保护得好好的，甚至最后不惜献上自己的生命。就是在杀手一贯的冷酷、冷冰冰而不苟言笑的外表，和他呵护小女孩的温情中，我们才看到了人性的光辉。

同样的手法，也在《深夜食堂》里用过。

我问过身边不少《深夜食堂》的粉丝，他们有没有留意过一个细节——《深夜食堂》的男主角脸上是有一道疤的，而在韩版和中国版《深夜食堂》里，这道疤却被去掉了。

这是一个不太容易被人注意到的细节。

想一想，食堂的老板高大魁梧，脸上有道疤，一看就是个有故事的人。你甚至可以脑补，这曾经是个叱咤风云的江湖大佬。但《深夜食堂》整部剧的调性是什么呢？是治愈。在东京这个繁华的大城市里，白天戴着各种面具打拼的人，到了晚上，三三两两走进这个小酒馆，放下自己的面具，点一份自己喜欢的堂食，喝一盅小酒，和熟人聊上几句。这就是一种治愈，治愈自己白天戴上面具受过的各种心灵伤痛。

谁在构建这个治愈的"场"呢？当然就是食堂的老板了，那个不苟言笑、脸上有道疤的魁梧男人。当这样的人来治愈你的时候，强烈的对比，会让你感到这种治愈的温度和真诚。

文学常用对比的手法，来让人物形象鲜明，一个人物有什么特别之处，让另一个人跟他一对比，大家就秒懂了。

《西游记》是很典型的作品。

在这部经典的开头，孙悟空上天入地，大闹天宫，无所不能。如果全书只是按照这种个人英雄范写下去，会让这部作品变得单调无味，而且缺少可信度和代入感。妙就妙在，做好这个铺垫，吴承恩迅速就让孙悟空加入到一个团队里去，和其他几个角色形成鲜明的对比。

确实，孙悟空神通广大，但是并不意味他完美无缺，至少在取经的早期，他远远没有唐僧那么坚定的信念。取经的前后，孙悟空的心态发生了很大的对比。比如在前期，唐僧一赶他走，他就要回花果山，心中从来没有放下猴王梦。到了取经的后期，遇到六耳猕猴那一次，唐僧再赶他走，孙悟空也不再回花果山了，而是先去了南海找观音。

这说明什么？说明他心中已经有了信念。

《西游记》把孙悟空写得神通广大，而把唐僧写得手无缚鸡之力，还不辨妖和人，这是一种强烈的对比。但我们同样要看到，手无缚鸡之力，看似一无是处的唐僧，前期是靠紧箍咒驯服孙悟空的，后期却靠自己的信念一点一点收服了孙悟空的心。

这个微妙的对比，才把唐僧的厉害之处凸显出来，让我们体会到，什么才是真正的力量——力量固然可以体现为上天入地、刀枪不入、七十二变，但更体现为强大的信念，体现为心中有根儿，体现为坚韧不拔。

我在少年时很喜欢看金庸的书，多年后，我回过神来，才明白金庸是怎么用对比的手法，一层一层地把那些英雄在我们心中塑造出来的。

《射雕英雄传》的开局，郭靖、杨康的爹轻易就杀了不少官兵，但丘处机一出场，展示武功，立刻把他们压下去一头。江南七怪出场的时候，也是技压群雄。还没等我们点赞，他们却被梅超风打得落花流水，于是我们又觉得梅超风武功盖世。没有想到，她也只是东邪逐出门的弟子而已，"东邪""西毒"才是狠人。但他们居然合力都打不过周伯通，而周伯通又不过是王重阳一个顽皮的师弟而已。

层层对比，把高人一层一层铺垫出来，最后让郭靖成了"东邪"的乘龙快婿，成了周伯通的拜把子兄弟，成了华山论剑的冠军。这时你才会有感觉，原来这个开始傻头傻脑的孩子，最后却登上了群雄的巅峰，这中间的跨越有多大啊！

翻开经典作品，我们都不难看到对比手法的应用，比如

《红楼梦》，如果没有宝钗等人物的对比，黛玉也很难给我们留下如此深刻的印象。

4.1.3 人脸

很多人爱说"这是个看脸的时代"，实际上，每个时代都是看脸的时代。人们对于脸甚至类似于脸的物体，都有着各种形式的偏爱：**相比于其他的视觉刺激，人们更容易识别人脸，更愿意把注意力集中在脸上，更倾向于从脸上获取情感信息**。大脑中甚至有一个专门的部分，其功能就是帮助人们来识别与分析视觉所接收到的面部信息。

在与他人进行交互的时候，做好"表面功夫"其实是有相当的必要性的。

人对于脸有着偏好；人对于某些特殊的脸，有着更为强烈的偏好。婴儿在仅仅出生几个小时后，相对于其他人与动物的面孔，已经可以对自己母亲的面孔产生视觉偏好。不仅是因为拥有这张脸的人与他有积极的互动，还是因为拥有这张脸的人具备他在出生前就听习惯了的优美声线。出生几天后，婴儿对具有面部特征的图形更加偏爱了，而且这种难以自拔的喜爱一路走高。心理学家罗伯特·范兹（Robert Fantz）曾在新生儿出生后的四天、一个月和两个月测量他们对于面孔的喜好程度，结果发现：孩子们对于面孔的识别能力与喜爱程度都在迅速提高，而对于那些不像人脸的图形，他们不仅兴趣寥寥，而且越来越不爱看。

与此同时，随着时间的推移，婴儿开始进一步发展专门针对人脸识别的能力：他们逐渐学会了把长相不同的人脸分开。不过这种能力发展中值得称道的地方是：人类婴儿优先发展对人脸的识别。2002 年，奥利弗·帕斯卡利斯（Olivier Pascalis）和他的同事们用包含下面这张图的一系列图给孩子们做了实验（见图 4-1）。

图 4-1　奥利弗·帕斯卡利斯在实验中使用的素材

实验发现，六个月大的孩子区分猴脸的能力与区分人脸的能力差不多，而九个月的孩子区分人脸的能力大大提升了。与此同时，他们区分猴脸的能力在这三个月来原地踏步、毫无长进。

对于面孔的喜爱程度与解析能力，深深地印在人们的心智之中。

那么，人们更加偏爱什么样的脸呢？　1995 年，《自然》

刊登的一项研究支持了进化心理学所提出的一个经典假设：由于父亲并不能像母亲一样确定孩子是自己的，并且倾向于将自己的资源用在真正后代的身上，所以新出生的孩子应该长得更像父亲，以让父亲确认这是"自己人"。这项研究由美国加利福尼亚大学（简称加州大学）圣迭戈分校的研究者进行，他们的研究表明：许多人在找与一岁孩子的照片相匹配的父母照片时，更容易挑出孩子的父亲。

《进化与人类行为》期刊则在 2000 年和 2007 年另外发表了两篇研究，表明新生儿的母亲比起旁人来，更倾向于认为孩子长得像爸爸。的确，**人对于和自己长得像的人，更具有交流的意愿，也更愿意分享自身的资源。**

社会心理学家埃伦·伯奇德（Ellen Berschied）验证了"相貌匹配偏好"这一心理机制的客观存在。

埃伦邀请了几百名大学生参加他的"相亲实验"，对实验真正目的并不知情的参与者被要求填写一大堆表格与完成一系列问答后，还留下了自己的一张照片。

参与者随后直接被带到一间隔壁的屋子。在那里，他们面对六张不同异性的照片，被告知这是计算机经过计算选出来的给他们的候选约会对象。事实上，这六张相片是由研究者精心挑选而来，美丑不一，但对不同水平的相貌都有一定的代表性。

有一半的参与者听到了这样的话："这六名异性是被软件系统自动筛选出来的，你希望我们安排你和其中哪一位约会呢？"另一半的参与者则听到了另一种完全不同的解释："你已经被我们的软件系统自动筛选出来提供给了十个人，而其中六个人都对你表示有兴趣，希望有与你约会的机会。现在由你自己在其中选一个，我们来为你们安排约会。"

按照埃伦最初的设想，在第一种情况下，"匹配偏好"的择偶机制会获得自动激活。他们会充分考虑到，如果找太漂亮的异性的话，很有可能被拒绝或者难以获得深入发展的可能性。为了规避这种择偶风险，他们虽然更喜欢长得明显漂亮些的异性，但仍然选择长相与自己比较般配的人来作为约会对象。

而在第二种情况下，"匹配偏好"的产生条件则被实验者的一段话巧妙地绕开了。参与者没有任何初次约会被拒绝的风险——他是被选上的那一个，理应掌握主动权，勇敢地承认自己内心的倾向，选择最漂亮的异性作为约会的对象。

埃伦只猜对了一半，实验结果证明了"匹配偏好"并不会那么容易地被心理学家的巧妙设计所蒙蔽。在这两种情况下，人们都选择了自己胜券在握的对象——长相水平与自己接近的人。即使明明知道初次约会会很顺利，人们还是不愿意承担与长得非常漂亮的人发展长期亲密关系时的风险。对于绝大多数人来说，人们对于面孔的真正偏好，并不是"越美越好"，而是要和自己"接近"和"匹配"。

埃伦在实验中还有一个奇怪的发现，"匹配偏好"虽然对绝大多数人都适用，却在对自身长相评价很低的人身上并没有得到验证。在他的实验中，8 分代表着极好的外貌表现，而 0 分代表很差的相貌水平。在整个实验中，给自己评分在 6 ～ 8 分区间的人，选择的最终约会对象的评分平均数为 6.84；而给自己评分在 1 ～ 2 分的人，却并没有选择与自己长相在同一水平的异性作为约会对象——他们选择的约会对象的平均外貌分数是 6.26，仅仅稍微低于长相出众的人群的最终选择。

埃伦带着非常大的疑问，在实验后对这些敢于选择远远比自己漂亮的人作为约会对象的人进行了访谈。他们普遍表示，他们是带着搏一搏的心态来选择约会对象的，因为在这个相貌水平，如果单独考虑相貌这一个因素的话，选择任何一个约会对象都很有可能遭到拒绝。既然如此，为什么不直接找一个更漂亮一些的人来约会呢？万一我身上有一些其他优点能够在约会中打动对方，最终给了彼此一个进一步发展的机会呢？这很好地解释了为什么我们在生活中有时候会见到表面上看是"鲜花插在牛粪上"的组合——那些勇于搏一搏的人，有的终归还是胜利了。

人们对于面孔能快速识别，对于那些和自己有相似性的面孔会放下戒心甚至提供资源；而对于与自己相貌水准差不多的具体的个人，则更容易培养长期关系。

人们看到一个人脸部十分之一秒后，就已经做出对这个人的性格和生活状态的判断了。久而久之，一些判断的经验还会反过来作用于我们的心理：具有某种特质的人，他就应该拥有某种脸型。所以，如果想凸显"萌"的特质，就可以更多地选择双马尾的发型；如果想唤起保护欲和亲昵感，就应该凸显"娃娃脸"的特质；如果需要彰显阳刚之气，那恐怕就必须表现出硬朗的面部线条。当然，你也可以在其他视觉元素上下功夫，但效果最为直接的还是"人脸"。

长期的进化让人类能够对面孔保持足够敏感，同时，对于面孔上的元素组合——那些表情也拥有相当高效率的解析能力。在传递信息的各种渠道中，面孔和表情是一种具有跨文化普遍性的信息源，它有语言所不具备的独特优势。只会说汉语的人听不懂只会说德语的人所讲的话，但不管是中国人、德国人，加上印第安人和因纽特人——大家的表情都具有相当的跨文化一致性。高兴、恐惧、愤怒等情绪所对应的表情都是一样的，这也让人脸成为一个门槛很低的降低理解成本的通道。

有一部著名的美剧叫作《别对我说谎》（*Lie to me*），其中能够高效分辨他人微表情与肢体动作的主人公，其实是以一位心理学家为人物原型的。这位名叫保罗·艾克曼（Paul Ekman）的心理学家最主要的学术贡献，就是研究与探讨了人类表情在不同文化中的一致性。20 世纪六七十年代，他前往新几内亚岛的原始部落做研究，就是为了探讨那些不受当代文化影响、没有接触过外界人群、长期处于相对原始的生活状态中的部落里，人们对于面孔的解析方式和曼哈顿的白领们到底有没有区别。最终，他的研究证明了面孔以及表情是非常原始、高效、稳定的信息通道。

事实上，在很多时候，人们对于面孔所展现的信息加工甚至都不需要进入意识层面，只需惊鸿一瞥，一切尽在不言中。而在互联网时代，人脸对于信息传递的影响大到什么地步呢？很多时候，你甚至都不需要用一张真正的面孔，只需要用一个看上去像人脸有表情的图案，就能起到快速传递信息的效果。

从人们在电子邮件中对"：)"的使用，到今天线上即时通信中 Emoji（绘文字）的流行，无不说明了这一点。对于来自不同文化的人来说，语言、认知和价值观未必是通用的，但由面孔加以展现的表情具有相当的跨文化性。而表情符号则是当代线上交流所采用的"肢体语言"，能够有效地防止歧义、传达情绪，甚至跨越语言与文化的障碍。

除了苹果、微信和 Facebook 在各自平台上默认采用的比较标准化的 Emoji 表情之外，使用表情包也俨然成为一种新的潮流。各种经典的表情及其衍生品服务于今天在线上的海量交流，以至于用这些经典面孔来"斗图"都成了一种新鲜有趣的社交形式。由此可见，利用这种"看脸"的思维捷径和人们对面孔的认知规律，可以高效地传递信息，而不必多费口舌。

2015 年，专业艺术批评家乔纳森·琼斯在英国《卫报》上抨击表情符号，甚至提出表情符号的泛滥是人类文明的巨大倒退。但琼斯可能不知道的是，人类其实从来没有逃离过

"表情符号"的影响，更遑论什么"巨大倒退"了。

4.1.4　渐进式理解

任正非是如何用相似性来传递华为变革的本质的？任正非是一位危机意识极强的企业家，他所带领的华为是一家把变革常态化的公司，通过持续的变革，使得华为没有"大企业病"滋生的土壤。但是变革的挑战在于：很容易过犹不及。**任正非是如何清晰无误地向十几万华为员工以及产业链相关的 300 多家合作伙伴和客户传递华为变革本质的呢？任正非巧妙地用了相似性方法，引导大家做渐进式理解。**他把世界革命史上两个国家的做法，放在 200 年的历史长河来看其兴衰，揭示了他真正期望的华为变革本质。

任正非说："英国光荣革命与法国大革命相比，我更赞成英国光荣革命……二百多年前的法国是拿破仑时代，它差点把英国消灭了，那时英国弱势，法国强势。英国就爆发了光荣革命，大地主、大资产阶级和国王讨价还价，要争取自己的权利，限制国王的权力，就出来了君主立宪、王权虚设、临朝不临政的运作机制。英国一个人没死，光荣革命就完成了，就出来了英国的议会制度。资产阶级民主带动英国蓬勃发展，在随后的 100 多年时间里把全世界几乎占完了。而法国大革命轰轰烈烈，血流成河，让作家找到了兴奋点，热血澎湃，出来好多好作品。人们记住了法国大革命，忽略了英国光荣革命，但是英国发了大财，把全世界都占了，法国却

内斗了一二百年。"⊖

任正非这个相似性比喻非常之巧妙。法国大革命轰轰烈烈，产生了很多在全世界影响力都很大的艺术作品。比如很热门的一本书《旧制度与大革命》，这是法国历史学家托克维尔的著作，探讨的正是这段历史。在原有的封建制度崩溃之时，因为并未带来革命预期的结果，致使执政者与民众间的矛盾公开化，法国社会动荡愈演愈烈。比如世界名画《自由引导人民》，这是法国浪漫主义画家欧仁·德拉克罗瓦为纪念这段历史而创作的油画作品，现藏于巴黎卢浮宫。画中的自由女神戴着象征自由的弗里吉亚帽，在硝烟弥漫的战场中，右手挥舞着象征法国大革命的红、白、蓝三色旗，左手拿着带刺刀的火枪，号召身后的群众勇往直前。这幅画广为流传，应该说知名度非常高。

大家有没有发现，一些企业在变革中，很像法国大革命一样，普遍都喜欢大动作、喜欢颠覆，喜欢"宁可燃烧三日，不愿冒烟三年"，为了新气象而变革，而这些变革没有给企业的经营带来新价值，没有给客户带来新价值，一阵鸡犬不宁之后，筋疲力尽，留下一地鸡毛，从此走向反面：谈"变革"色变。

因此，任正非的智慧在于对人性的把握，以史为鉴，站在200年的历史长河看人极可能重复犯的错。他担心有人还

⊖ 此段内容出自任正非于2013年2月19日与广州代表处员工座谈问答，其中答广州代表处代表孙福友时的回答。

不理解他的这个比喻，就进一步阐述："千古兴亡多少事，悠悠，不尽长江滚滚流。历史是一面镜子，它给我们多么深刻的启示。"⊖ "华为公司创立 20 多年来，实际上没有停止过变革，但是我们不主张大起大落的变革，这是要付出生命代价的……我们这么多年的变革都是缓慢的、改良式的变革，大家可能不感觉在变革，变革不能大起大落，不是产生一大堆英雄人物叱咤风云就算变革，这样的话公司就垮了。为了你一个人的成功，我们万骨都枯了。"⊜

　　看到这里，你就明白为什么华为这艘巨舰能如此平稳地绕过各种各样的暗礁了吧？舰长把事情的本质看得太通透了，讲得也非常通透，通过相似性比喻，引导大家渐进式理解！

4.1.5　最小可行性产品与迭代

　　20 世纪 90 年代，正是互联网泡沫严重的时候，那时仿佛做一个网站就可以赚大钱。尼克·斯威姆也加入互联网创业的大军中。他发现了一个商机，当时美国的鞋类市场，大概有 5% 是通过邮购目录销售的。如果人们愿意通过邮购目录买鞋，那为什么不能通过互联网来购买呢？所以斯威姆决定开设一个网站鞋店，但和其他创业者不太一样的是，他决定用最小的成本先去测试一下自己所认为的市场究竟是有还是

　　⊖ 选自《再论反骄破满，在思想上艰苦奋斗——在市场庆功及科研成果表彰大会上的讲话》，1996。
　　⊜ 选自《任正非与 IFS 项目组及财经体系员工座谈纪要》，2009。

没有。因为当时搭建一个电子商务网站的成本并不低，其中不仅包括金钱，还包括投入的精力、时间和人脉。斯威姆可不想像其他创业者一样，轰轰烈烈地拉了一个大班子，做了半年、一年后才发现自己针对的是个伪需求，最后就来一句"我从失败中学到了很多"来安慰自己。

斯威姆搭建起了一个实验网站，这个网站从外表上看和一个电商网站似乎很像，其实也就是很像而已，后面还没有复杂的数据库和业务流程来做支撑。网站上鞋的照片和说明则是斯威姆从本地的鞋店找来的，如果真的有人在这个网站上下了单，斯威姆就会自己跑到鞋店去把这双鞋买下来，再邮寄给下单的客户。

在最初的实验中，斯威姆没有为这个网站的搭建和供应链的整合付出太高的成本。他只是用一个最简单的产品、最核心的流程，去测试市场需求是否真实存在，测试这个产品是否可行。最后反馈的数据是：市场确实存在，产品也是可行的。斯威姆才在这个基础上，搭建了更为专业的网站，整合了更为专业的流程。这就是后来的 Zappos，后来在 2009 年以 12 亿美元卖给了亚马逊。

理解市场需求，包括理解我们自身的能力和优势，这是一个非常复杂的过程，理解成本并不低。**降低理解成本的有效方式是，不要试图一下子就做出完美的产品来，而要从核心需求和核心流程出发，以尽可能少的成本，先做出一个最小可行性产品（MVP），然后通过这个产品和用户不断互动，**

升级自己的认知，一次一次地迭代出更完美的产品来。

这就是埃里克·莱斯在《精益创业》中表述的精髓思想，今天已经成为很多人创业，尤其是研发产品的指导，虽然不是所有人都对这个想法感兴趣，比如乔布斯，但不可否认 iPhone 也是一代一代迭代出来的。

对产品研发这样复杂的事情来说，从降低理解成本的角度来看，最小可行性产品至少包括以下几个要点：

- 理解是双向的，包括理解市场，也包括理解我们自身。
- 这个理解是非常复杂的，不可能一蹴而就，需要循序渐进地通过互动反馈来迭代。
- 先从核心需求开始理解，以此为原点，以尽可能低的成本打造最小可行性产品，然后通过这个产品去验证需求是否真实存在，核心流程是否可靠。
- 如果通过验证发现原来所谓的核心需求是伪需求，就要赶快改变方向，否则任何恋战的手段都只能是画蛇添足。

最后我们要特别说明一点，找到一个存在真实需求的市场，且这个市场足够大，值得你去投入，然后你在开拓这个市场中有自己的相对优势，这其实并不容易。所以，不要在进入每一个市场、开发每个产品时都轰轰烈烈地投入太多，先用最小可行性产品验证这个市场真实的存在，以及你有能力服务好这个市场，然后再逐步迭代，找到自己的方向。

4.1.6　类比

谈起中国的企业领袖，任正非将使用类比传递他的管理思想，用得炉火纯青。

为了说明客户的痛点是最重要的，任正非在 2012 年用电影《泰坦尼克号》的场景做了一个类比，他说："你们知道世界上对男人的最佳表达是什么吗？电影《泰坦尼克号》告诉我们，在生死存亡的时候让女人先走，自己死掉，这就是对男人的最佳表达。我们公司的最佳表达是什么？我们的展示应该从哪个地方切入？我认为应该是从客户的痛点去切入。我们要搞清楚客户的痛点在哪里，我们怎么帮助客户解决他的痛点。抓住客户的痛点进行表达，才能打动客户，让客户认可我们。我们要让客户认识到华为才是他真正的盟友。当然除了技术，未来的商业模式等东西也是我们要表达的内容。" ⊖

很多人都看过《泰坦尼克号》这部电影，影片中男主角为爱情献身的桥段对大家的触动很大。因此，任正非举这个例子，理解成本很低，比很多企业家干巴巴地喊"客户是上帝"容易理解得多。因为绝大多数人没见过上帝，既然对上帝长什么样都无感，用它来做类比就更难理解了，除了口头捧着，就没其他动作，也无法落实到具体服务工作中去。

为了说明什么才是好产品，任正非在 1998 年就做了一个

⊖　来自华为内刊，《面向未来，以客户痛点为切入点，全球化展示》。

类比，好产品犹如好歌，只有千古传唱的歌，才是好歌。他说："西方管理哲学的内涵有很多非常好的地方是值得我们学习的。比如西门子，它的机器虽比我们落后，但比我们稳定，所以很好卖。我们一定要努力地去认识这一点——什么叫伟大的科研成果？一定要认识！就比如唱歌，我想不管是什么歌曲，不管其作者是多么伟大的作曲家、歌唱家，只有那些流传下来的被人们广为传唱的歌才是真正的好歌，至于那些得奖却未能流传下来的根本不是什么好歌。"⊖

　　企业经常为了产品的技术方向争论不休，任正非认为"时间"是最好的裁判员，并用了歌曲、都江堰的鱼嘴架构作为案例，向大家清晰地传达了他的产品观。

　　2008 年汶川大地震，四川有很多建筑都坍塌了，都江堰却没有受到什么大的影响。任正非 2009 年再度把眼光投到都江堰，这一次不仅仅是讨论都江堰的鱼嘴架构产生了好产品，而是从都江堰的设计原理入手，思考强竞争行业中的企业生存之道。任正非说："'深淘滩，低作堰'，是李冰父子 2000 多年前留给我们的深刻管理理念。同时代的巴比伦空中花园和罗马水渠、澡堂，已荡然无存，而都江堰仍然在灌溉，造福于成都平原。为什么？李冰留下'深淘滩，低作堰'的治堰准则，是都江堰长盛不衰的主要'诀窍'，其中蕴含的智慧和道理，远远超出了治水本身。华为公司若想长存，这些准

　　⊖　出自《一个人要有自我批判能力》。

则也是适用于我们的。"⊖

　　看了任正非这段话，我非常感慨，任正非真是太懂人性了。曾国藩有一句著名的话"久利之事勿为，众争之地勿往"，华为所从事的是通信行业，技术门槛高，且涉及很多个国家的通信命脉，非常之敏感。因此华为的牛存之道是不在瓜田李下，在商言商，但这还不够，如果这个行业因为技术门槛高，"堤坝"很高而导致"堤坝"内的利润一直很高，就会有各种"资源"方惦记着这个行业，就会有更强大的竞争对手进场，就会使得华为自己的生存环境恶化，因此，对华为来说，采用优质低价是最佳的竞争策略。

　　优质，即高质量，虽然需要高成本，但给客户的价格是在成本之上的合理加成，华为保持合理利润即可；低价，即不要高利润，就是坝不要建得太高，这是"低作堰"。要想把高质量带来的高成本的坑填平，那就得挖内功。持续降低自身成本，具有比竞争对手更低成本、更高效率、更大规模的优势，从而保持自身强大的生存能力，这就是"深淘滩"。因为没有暴利，各种"资源"方看到无利可图而无心进场，这实际上抬高了新进入者的门槛。比如，在华为一些产品线从产品转型到服务时，提供的服务水平高于竞争者，华为自身可以把服务价格做得非常高，但华为坚持维持价格在一个合理的水平、让业界跟得上的水平，就是这个逻辑。

　　⊖　选自《深淘滩，低作堰》，2009。

商业模式是赚钱的关键要素和逻辑。华为一贯主张赚小钱不赚大钱，不追求利润最大化，只追求合理的利润，这并不是任正非的"矫情"，而是他对人性洞悉后的智慧。这种商业模式的生动写照，就是作为石碑刻在都江堰源头的六字诀窍："深淘滩，低作堰。" 2000 多年前李冰父子留下的这条治水准则，是都江堰生生不息的根本。所以，对华为而言，高质量意味高成本，但不意味高价格，本质是节制自己对利润的贪欲，追求做久而不是做大，追求持续性赚小钱而不是一次性赚大钱。任正非通过都江堰这个类比，清晰无误地向十几万华为员工以及产业链相关的 300 多家合作伙伴和客户传递了华为商业模式的本质，很巧妙。

2007 年，华为内部掀起了一场震惊业界的"运动"，就是把在华为工作满 8 年的员工的工龄清零，任正非带头辞职再返聘，瓦解华为工号文化。这可是和 1996 年孙亚芳带领市场部全体干部辞职一样的大事件。

"运动"必先"吹风"，这个风如何让大家感受到寒意但又不刺骨呢？我们看看 2005 年任正非《关于人力资源管理变革的指导意见》的讲话，在这个讲话中，任正非从历代封建王朝更替看到企业的兴亡，因为没有"耗散"，聚疾成瘤而熵死，很让人触动，他说："要研究历代封建王朝是怎么覆灭的。当新一代皇帝取代旧主时，他成本是比较低的，因为前朝的皇子、皇孙形成的庞大的食利家族，已把国家拖得民不聊生。但新的皇帝又生了几十个儿子、女儿，每个子女都有一个王府，以及对王府的供养。他们的子女又在继续繁衍，经过几十代以后，这个庞大的食利家族大到一个国家都不能承受。人民不甘忍受，就又推翻了它，它又重复了前朝的命运。华为如果积累了这种病，不要几年就会破产。"

华为一直在战略主航道上采用"压强"打法，无论是产品研发还是市场，都主张"胜则举杯相庆，败则拼死相救"，如何把这种感性的理念，转换成工科出身为主的十几万员工都听得懂的具象语言呢？如何描述聚焦战略呢？

2013 年，任正非说："我们只可能在针尖大的领域里领先美国公司，如果扩展到火柴头或小木棒那么大，就绝不可能实现这种超越。"对大部分人来说，听完可能感觉矫情，也比较费解。后来，任正非想到了"水切割钢板""空气推动火箭"这个例子，他多次说了这个例子："大家都知道水和空气是世界上最温柔的东西，因此人们常常赞美水性、轻风。但大家又都知道，同样是温柔的东西，火箭可是空气推动的，火箭燃烧后的高速气体，通过一个叫拉法尔喷管的小孔，扩散出来的气流，产生巨大的推力，可以把人类推向宇宙。像美人一样的水，一旦在高压下从一个小孔中喷出来，就可以用于切割钢板。可见力出一孔的威力。

"华为是平凡的，我们的员工也是平凡的。过去我们的考核，由于重共性而轻个性，不注意拉开适当的差距，挫伤了一部分努力创造的人，有许多优秀人才也流失了。但剩下我们这些平凡的 15 万人，25 年聚焦在一个目标上持续奋斗，从没有动摇过，就如同是从一个孔中喷出来的水，从而产生了今天这么大的成就。这也是力出一孔的威力。"⊖这下，大家都听明白了，原来"力出一孔"是要到这个程度。

谈到面向全世界合作，华为人用了"一杯咖啡吸收宇宙能量"的类比。华为人自嘲是农民出身，不会喝咖啡，在这种情况下，如果华为领航全球市场，而我们还是按照老习惯，就吸收不到世界级的一些先进理念，也没法和世界级真正领先的科学家打成一片，因为前沿的这些科学家都是喝咖啡的。所以任总就一直鼓励各级干部，要改变原来的习惯，要学会喝咖啡，通过一杯咖啡吸收宇宙能量，共享人类的精神文明成果。"要越过工卡文化，大量支持全球同方向的科学家。我们鼓励我们几十个能力中心的科学家、数万专家与工程师加强交流，思想碰撞，用一杯咖啡吸引别人的火花与能量，把战略技术研讨会变成一个'罗马广场'。"⊖对，罗马广场在人类思想史的意义大家都明白，这又是一个很好的类比。

谈到华为的工匠精神，任正非有自己的比方，针对互联网这个词，任正非觉得它只是一个工具，可以使信息的分享、传播更加便捷。如果你的产品不好，嫁接太多的互联网理念

⊖　任正非.任正非内部阐释华为不败战略原则：力出一孔　利出一孔［N/OL］.21 世纪经济报道，2013-01-28［2013-03-02］. https://wenku.baidu.com/view/aff3528b71fe910ef12df8a0.html.

⊖　出自 2016 年 10 月 28 日《春江水暖鸭先知，不破楼兰誓不还——任总在'出征·磨砺·赢未来'研发将士出征大会的讲话提纲》。

和精神，别人也不会买单，所以他说，不要管什么互联网，首先你要磨好你的豆腐，发好你的豆芽。这个比喻很形象。

任正非对创新型人才也有自己独到的理解。他就提到一个词"歪瓜裂枣"，之所以这么说，是因为歪瓜裂枣虽然不好看，但是很甜。任正非认为，歪瓜裂枣在普遍的观念来看不是最佳选择，但华为未来要做一个领航的企业，必须吸纳那种特立独行的人才，让他带着华为前行。

在人才观方面，任正非还有一些比喻，"都江堰疏导不了太平洋""八百里秦川何曾出过霸王""秦淮河边上的温柔之乡产生不了世界领袖"。他就是通过这么通俗易懂的话，把他要表达的内容清楚地传递出来的。

华为是每 2 ～ 3 年都会做一次较大变革的公司，为了把变革的目标说明白，任正非又谈了一句话，说："对准多打粮食和增强土地肥力，把变革扎扎实实落地。"这样表述出来以后，前方做销售，后方做研发和服务的员工也就都明白了自己的使命。

任正非用类比法传递他的管理思想，还有更多案例，比如谈到自我批判，业界广为流传的"烧不死的鸟是凤凰，从泥坑中爬起来的才是圣人"。这些都是降低理解成本很好的案例。

4.1.7　讲故事的能力

从很小的时候起我们就喜欢听故事，故事是人类理解成本最低的表达形式之一。今天的企业为了让用户理解自己真是不惜下血本。不少企业每年在推广、传播方面都要投下重金，动辄就要以数千万元甚至上亿元来计算，这是一笔不小的负担，但企业不得不这样做，因为一旦它们停下来，用户很快就会在海量信息中将它们忘记。

但你看看类似白雪公主、灰姑娘这样的故事，没有人为她们的故事的传播专门付费，她们的故事却流传甚广，全世界很多人都在讲述这样的故事，并且一代人一代人地讲下去。和这些富有生命力的故事相比，企业的传播能力就相形见绌了。

当然，也不是所有的故事都能享有同等的待遇。《格林童话》两百多篇故事里，如《白雪公主》《灰姑娘》一样广为流传的故事屈指可数。此外，有的故事在一些国家和地区很有影响力，但离开这个文化背景，在其他国家和地区的影响力就不是那么强。比如《桃太郎打鬼》这个故事在日本相当流行，在中国虽然也有不少儿童出版物和音像产品提到这个故事，但它远没有像在日本那样流行，小朋友主动讲这个故事的情况也并不多。

这些现象不仅在儿童故事里存在，各个国家和民族的神话故事里类似情况也屡见不鲜。盘古开天辟地、女娲补天、嫦娥奔月、牛郎织女等类似这样的故事，在我国已流传了成百上千年，但我国就没有类似伊里亚特、普罗米修斯的神话。为什么呢？为什么好的故事，会在没有人专门付费、专门推动的情况下还能流传千百代？为什么一些故事比另外一些故事更流行？一些故事在一个文化地域比在另一个文化地域更有影响力？

这一切的根源在于意义。作为人，我们总想弄清楚诸如美丽、丑陋、勇敢、懦弱、善良、邪恶等的意义，它们与我们的生活始终息息相关，且意义深远，绝不像水能灭火这样的事实一样看一次就能明白，我们总需要在不同的场景里面去阐述它们各个层面的意义。

以白雪公主为例，这个故事是围绕着"美丽"这个核心意义而展开的。如果故事的主人公不是一个美得让人嫉妒，被魔镜称为"天下最美的女人"，又拥有"白雪公主"这样一个让人浮想联翩的名字的女孩，情况就不一样了！话说回来，如果真的是个相貌平庸的女孩做主角，可能大多数人都没有耐心读到故事的结尾。

灰姑娘也是如此，只是她经历一个由丑向美逆袭的过程，当然，最后这位美人也被富可敌国的王子娶了。

在白雪公主的故事里，虽然白雪公主吃了毒苹果昏迷不醒，王子仍然义无反顾地喜欢这个昏迷不醒的美人。而在灰姑娘的故事里，王子则是为了寻找这位神秘的美人，不惜代价地在全国发起一场轰轰烈烈的搜寻运动。

这些故事都把善良、美丽的意义诠释得淋漓尽致，甚至连不识字的小孩子也能一听就懂。

我们也可以用理论的方式富有逻辑地来讲美丽的意义，正如"美学"这门学科做的那样，但大多数人，尤其是小孩子，更喜欢读白雪公主的故事，而不是黑格尔的《美学》，就是因为童话故事的理解成本要比学术著作低很多，即便后者对于美的诠释更加精要和透彻，但理解成本低会让童话故事更受欢迎。而如果这个故事是要解释大家都关心的意义，那么这个故事会更流行，也更有生命力。为什么桃太郎在日本很有影响力，在中国的影响力就会弱很多呢？因为桃太郎打鬼要阐述的意义是"以小胜大、以弱胜强"，而这更符合日本的民族性格。中国幅员辽阔，自然资源丰富多样，以小胜大、以弱胜强的意义虽然也受关注，但远没有在资源匮乏的日本那么显著。

除了与故事阐述的意义有关之外，故事的生命力还与故事的理解成本是否足够低有密切的关系。例如，讲述明朝历史故事的书不在少数，但《明朝那些事儿》无疑是最受欢迎的。

判断一个故事的理解成本高低可以用一个很简单的方法，就是在你不想用脑的时候，你是不是还愿意去读它？ 比如睡前阅读，不想阅读特别费脑子的书籍时，那我们更愿意捧起《明朝那些事儿》而不是《明史》。此外，还有一个办法，那就是看理解能力并不足够强的人是不是愿意读，白居易就曾把他写的诗读给老人听，如果他们听不懂就再做修改，直到他们能听懂。《明朝那些事儿》的理解成本如此之低，不少中学生乃至小学生都通读了这本厚厚的图书。

明朝的历史人物众多、事件繁杂，真要还原这个朝代历史的细节，就需要用多线叙事的方式。不过一旦这样做，大多数读者的脑细胞根本不够用。光是一堆年号、人名、官职、地名等，很快就会磨光读者的兴趣和耐心。如果你想让一个读者在 63 页、279 页和 486 页记住一堆拗口的人名，到了 674 页你才告诉读者这群人干了什么事，726 页之后又告诉读者这些事对后面产生了什么样的影响，那读者是有相当充足的理由把你的书扔到一边去的。

顺带说一下，**如果你要写文章或者写书，必须用多线索叙事的方式的话，那么突出一些逻辑转折关键词是非常有必要的。**例如"此外""花开两朵，各表一枝""第一，第二，第三……"，提醒读者，这是另外一个故事、另外一条线索了。否则读者容易把不同的故事、不同的线索糅在一起理解，理解成本就会变得相对较高。

《明朝那些事儿》采用的是单线叙事的写作方式，这会帮助读者节省不少脑细胞。读者只要依循一条主线索去理解明朝的历史就足够了，这条主线索基本是围绕明朝的权力核心展开的。非但采用单线叙事的写作方式，《明朝那些事儿》还满足了懒散读者一目十行的阅读需求。**理解成本高的书籍阅读起来有一个特点：你需要逐字逐句地仔细读。**如果不小心漏掉一个关键词，可能辛苦读完大段文字之后，你还是压根不知道作者在说什么，因为不小心被你漏掉了的那个关键词看起来似乎只是一个词，实际上牵扯了整个段落的逻辑。一旦你漏掉这个关键点，所有缜密的逻辑就再也说不通了。

学术著作大都如此，你必须一字一句、小心翼翼地读。但让你不费脑子的叙事方式却不是这样，即使一目十行地读，你也会很清楚这个故事究竟在说什么，压根不用担心自己一不留神漏掉了什么关键内容。听起来是不是有些奇妙？

这种效应称为"泡茶理解效应"，单独咀嚼茶叶，几口咀嚼完，你往往很难一下子捕捉到茶叶味道的精华，但如果冲上一杯茶水，一口一口地慢慢品尝，品尝的次数多了，不用去咀嚼茶叶本身，你却更容易理解茶叶的味道究竟精妙在哪里。有意思吧？"多"而不是"少"更容易理解，似乎会和本书讲到的简洁、简单、更容易理解看起来有些相悖，其实不然，关键你得理解这个"多"是指什么。

请你耐心往下看。

我们阅读英文文章时，有时出现一个单词不认识，看看上下文的语境也能猜个八九不离十。因为这些语境，包括我们日常生活的经验，已经为我们理解这个单词提供了大量的备注。当我们要给别人说一个陌生的词，别人一下子不能听懂时，我们就要把这个词拆成单独的字，然后用别人更熟悉的词去解说这些字。例如我们要说卡巴斯基，别人未必一下能正确地理解这个词怎么写，我们就可以这样来表述，卡是卡车的卡，巴是巴西的巴，斯是斯大林的斯，基是基本的基，于是别人就能正确写出"卡巴斯基"这四个字。

泡茶理解效应体现在写作上，就是把一个阐述意义简练的架构包装在读者所熟悉并容易引发情感的大量场景里，此

外，表达的词汇和句式也要满足同样的要求。

比如《白雪公主》这个故事，核心架构非常简单：白雪公主非常美丽，嫉妒的王后想杀死白雪公主，吃了毒苹果昏迷不醒的白雪公主意外苏醒并和王子成婚。这个简单的架构由很多丰富的场景包装成了白雪公主的故事，而且这些场景简单易懂，很容易激发人的情感。至于"美丽""丑陋"等都采用了具象化人物的方式来降低理解成本。

白雪公主具象化了美丽和善良，王后具象化了嫉妒、邪恶，魔镜具象化了无所不知以及客观的尺度，猎人具象化了强力，七个小矮人具象化了善良，王子则具象化了爱情和财富。整个《白雪公主》的故事如果抛开场景进行抽象化的表述就是：美丽与善良相伴，却总被邪恶所嫉妒和加害，但美丽就是美丽，谁也不能否认，强力也会同情美丽，善良更会热爱和帮助美丽，而美丽的归宿终将是爱情和财富。这样抽象的表述结构很清晰，但不要说孩子记不住这样抽象的表述，他们也不喜欢听，就连我们成人都觉得这种表述索然无味。有几个人会关心美丽和丑陋抽象的逻辑关系呢？

大家印象深刻的是一个有画面感的白雪公主的故事，是白雪公主和七个小矮人一起快乐地吃饭、唱歌跳舞；是王子看着躺在鲜花里的白雪公主美艳动人，忍不住去亲吻她的脸颊。大家不会喜欢类似善良会热爱和帮助美，以及美丽的归宿将是爱情和财富这样干巴巴的表述。整个白雪公主的故事采用了先抑后扬的情感结构，每个场景都会激发人们的情感。

邪恶的王后打坏主意的时候让人感到害怕和紧张；白雪公主和七个小矮人在一起，让人感到安全、放松和快乐；白雪公主被王后欺骗，让人感到痛心、惋惜和憎恶；最后，王子和白雪公主成婚让人感到释然、幸福和开心。

在场景中浸透这些情感是非常重要的，因为人类对情感的理解成本非常低。

妈妈对婴儿温柔地吟唱：妈妈很爱你，你也要爱妈妈。小婴儿会甜蜜地笑。显然，他听不懂他妈妈说话的逻辑，但他能一下子就捕捉到妈妈要传递给他的爱意情感。

如果一条大狗在我们面前弓起身子，咆哮起来。在此情境下，你还会想要辨识这是一条什么品种的狗，是公狗还是母狗，是小狗还是老狗吗？认识的过程要运用大脑的逻辑能力，这得花费点时间，不耗费些脑细胞根本得不出结论。其实在这种场景下，你根本不会有耐心去认识这条狗，你甚至不必看清这条狗，仅仅听到狗的咆哮，你的恐惧、害怕情绪马上就涌了上来。情感是瞬间产生的，我们即刻就能体验到，根本不会像认识过程那么费事儿。

我们在本书前面说过，人类的动物脑有五百万年的历史，而科技脑只有五百年的历史。**因此人们更易于理解有画面感的场景，更容易对有血有肉的人有情感，而抽象的逻辑只会让人感到很费脑子，除了容易引起烦躁情绪之外，逻辑对于激发情感显得很无能。我们喜欢探求诸如美丽、善良的含义，因为这与我们的生活息息相关，但我更喜欢用有画面感、熟**

悉的场景去阐述他们，而不是以干巴巴的逻辑去阐述这些意
义，即便表现得更严谨、更准确。

这就是好故事的理解成本更低的缘由所在。

4.1.8　刘姥姥视角

《红楼梦》一书中的经典场景众多，其中之一是"刘姥姥
进大观园"。刘姥姥三进荣国府，见识了诸多自己曾经做梦都
想不到的事物。大观园里的摆设、礼节，甚至如骨牌一类的
小玩意儿，对刘姥姥来说都是完全新鲜的事物。

在信息传递的过程中，很容易出现"跨维度表达"的窘
况。当庞杂的高深信息雪崩一般涌到面前，我们也很容易变
成手忙脚乱、尽出洋相的"刘姥姥"。连情况都搞不清，更别
说妥善地处理信息、做出决策了。

信息的编码者，在传递信息的过程中，如果不充分照顾
信息解码者的知识储备和习惯视角，就很可能造成信息流的
阻隔，给信息解码者带来不明就里、手足无措的感觉。传递
信息时，一定要兼顾受众自身的"刘姥姥视角"。

我们在表述自我的时候，更容易从自身的经验与储备出
发，而往往忽视了受众未必拥有等同于我们的认知资源。一
旦我们能够"放下身段"，代入对方的视角去解释事物，则能
起到意想不到的绝佳效果。

"刘姥姥视角"所考验的能力，是一种站在他人角度去处
理信息的能力。因为人的大脑中有镜像神经元的存在，我们

会有一种"共情"的能力。看电影时，到了男女主人公无奈分手的桥段，我们会哭；看球赛时，看到我们支持的球队的前锋临门一脚大力抽射，我们会喊。把别人身上发生的事儿当作发生在自己身上的事儿，这种心理学效应是自发的，是来自人的本能。但这种本能带给人的影响，仅限于"感同身受"，是站在对方的角度"感受"，而距离真正采用对方的视角"思考"还有很远的距离。比单纯的情感共鸣更重要的，其实还是做好对对方知识储备、思考模式、对话题所持态度的提前调查，方能"知己知彼，百战不殆"。

戏曲史家蒋星煜先生的代表作《以戏代药》中记载了一段戏文，是河南梆子《关公辞曹》。如下四句是曹操在河南的唱词："在曹营我待你哪样不好？顿顿饭四个碟两个火烧。绿豆面拌疙瘩你嫌不好，厨房里忙坏了你曹大嫂！"而这段戏在京剧中的对应情节则另有一段词："在曹营我待你恩高意好，上马金下马银美女红袍。保荐你寿亭侯爵禄不小，难道说你忘却了旧日故交？"这两段所想表达的意思是一样的：曹操说自己对关羽着实不薄，但是关羽一走了之实在是让人寒心。但明显在河南本地流行的版本更好地代入了"刘姥姥视角"，"绿豆面拌疙瘩"和"忙坏了你曹大嫂"的表述极为接近受众的实际生活，而"恩高意好"和"寿亭侯"一类受众未必能听懂的词则全部舍去。

实际上，山东吕剧《下陈州》的唱段甚至更进一步地贴合了乡村戏曲受众的刘姥姥视角，它是这么唱的："听说那老包要出京，忙坏了东宫和西宫。东宫娘娘烙大饼，西宫娘娘剥大葱。"

"刘姥姥视角"所解决的问题是：信息不仅仅要表达对，我们还要考虑信息如何能在受众的独特语境中表达对。

4.1.9　农夫的故事

和"刘姥姥视角"类似的秒懂方法是讲"农夫的故事"。我们小的时候，爷爷奶奶给我们讲故事时，经常以"很久很久以前，一个遥远的地方有一个农夫……"开头，我们很快就安静地听下去。成年人的世界里，也对诸如此类的"农夫的故事"没有免疫力，用好它，在沟通上真有四两拨千斤的快感。我给读者分享两个案例。

第一个案例：

企业高层管理者在管理变革和数字化转型过程中到底扮演什么样的角色？我们一直说高层管理者要参与进来，但到底深入到什么程度？

在华为管理变革和数字化转型的推进过程中，有一次，顾问给我们讲了一个非常生动的"农夫的早晨"故事，当时我们整个会议室所有人都瞬间"秒懂"了，而且至今依然让笔者印象还很深刻，今天我就把这个故事也分享给读者。

大家都知道，在美国，日常的标准早餐是：一杯牛奶、一个火腿鸡蛋三明治。

在一个偏远的农村，住着一户农民，过着自给自足的生活，他在大院子养着鸡、牛和猪，田里种着麦子。

新的一天开始了，太阳还没升起，勤劳的农夫就起来了，准备做早餐。于是他把上一年收成的小麦磨成粉做了面包片，把头一天晚上母鸡下的蛋拾起来做了煎鸡蛋，再去牛栏挤了一杯牛奶。想了想，三明治还需要什么？火腿！于是他割了一块猪肉，洗干净煎成火腿片，就这样，农夫的牛奶和三明治就准备好了。

讲到这里，顾问停下来问我们：你们觉得，农夫的这顿早餐，谁是最大的奉献者？

在大家七嘴八舌之后，顾问为我们解开了疑团：你们看，面包片是麦子的果实；农夫挤出牛奶后，牛还可以轻轻松松地吃草休息；母鸡在夜晚下个蛋，又可以"咯咯咯"唱着歌出去玩耍了；只有猪，为了农夫这顿早餐，必须见血，被割下自己身上的一块肉甚至奉献出自己的生命。因此，猪是农夫这顿早餐最大的奉献者。

顾问接着引导我们进入主题：企业管理变革和数字化转型的过程中，需要强有力的领导力来支撑，尤其是企业高层管理者，要以身作则切切实实地主导（Lead）这个转变，而不是仅仅提供支持（Support）。英文单词"Lead"和"Support"有着显著的区别："Lead"是主动带领团队并充分参与团队的变革落地，就像农夫的早餐中猪的贡献一样，充满毫无保留的奉献精神和实际行动，也正是因此，才会感召整个团队牺牲"小我"成就管理变革和数字化转型的"大我"；而

"Support"是在团队背后提供必要支持，做一些保障，没有将心注入，没有全身心的投入，就像农夫的早餐中的牛和鸡一样，不痛不痒，逍遥自在，没有感受变革转型的切肤之痛。

第二个案例：

我在写作"学习华为三部曲"的第一部——《华为管理之道》时，就特别想提醒读者：我们学习华为的管理，应该重点研修华为管理之"道"，要注意理解当时的场景。因为每一个企业所处的行业赛道、规模、阶段、商业模式、体制、团队、资金力量都不一样，而且不同企业的领军人风格也有很大差异，脱离场景去学习是没有意义的。

如果我这么讲，就有点说教的味道，读者很可能听不进去，当时唐文了解我的想法后，给我讲了一个"农夫养牛"的故事。我拍案而起，讲得太好了，于是我把这个故事放在《华为管理之道》的序言中，这个故事是这样的：

在一个遥远的农村，有一个农夫觉得地主家有钱是因为他家牛养得好，就跑去问地主怎么养牛。地主被农夫的诚意打动，就告诉农夫：我引进了什么牛种，怎么给牛吃草，给牛听什么音乐促进消化等，农夫听了如获至宝，回来变卖家产，也按这个法子去搞，不久就饿死了。为什么？因为农夫家那块地是薄田，产出的粮都不够耕牛吃，他忘了地主家有钱的所有前提条件是：人家的田很肥沃，肥田才有足够的粮食养牛，而且有余粮拿到集市上去换钱。薄田养牛的逻辑与肥田养牛的逻辑是完全不一样的。回到我们看领先企业的管理也是如此：我们看华为的管理，不要脱离华为的经营场景，管理和经营是无法切割的，而且管理是第二性，经营是第一性，管理模式再牛，也要服务于经营。

4.1.10　同频协作

同频协作可以解释你在读的这本书——《秒懂力》是怎么来的。最近几年，社群是一个非常火的话题，我们也和很多社群互动过，尤其是企业家社群。我们发现，很多人加入企业家社群，一个重要的目的是拓展人脉。而拓展人脉要么是为了发现新的商机，要么就是为了沟通思想和增长见识。拓展商机往往不能形成持久的动力，原因在于现实社群企业家的数量毕竟没有网上可以找到的多，而且一旦急功近利，很多真正能提供商机的企业家不堪其扰退出社群，社群就很难经营下去。所以能不能通过社群获取思想启发和增长见识，又成为社群的关注要点。

我们经过深入观察又发现一个现象：即便通过社群获取思想启发和增长见识，社群成员的生命周期也是有限的。就像上大学一样，曾经很热衷于参与社群去学习的人，常常两三年之后还是退了出来。其中有一个缘由，企业家们最初在一起交流时有新鲜感，他们会听到不同企业家对同一论题的不同意见，但即便企业在经营管理中会遇到很多问题，企业家们实际上最关心的主题也是有限的。一旦企业家们坐在一起翻来覆去地把这些主题谈过几次，就不会觉得有新意了，也不想在这上面耗费太多的时间。

因此，当我们做"老友聚"想把富有见识的企业家聚在一起时，我们就充分考虑到了这些问题。老友聚按 1～2 个月一次的频率举行，每次聚会不超过 15 个人，这样的设计是为了方便大家畅所欲言，有充分发言和交流的机会。倘若每次聚会人数过多，每个人发言的时间非常有限，这就很难做到对等交流，更难以做到相互启发，把问题的讨论引向更深入的层次。每期的主题设计都很聚焦。我们会先在微信群里讨论不同的主题，看大家发言的活跃程度，一旦发现有一个主题是很多人都感兴趣，并能纷纷提出建设性意见的时候，我们就会组织线下的"老友聚"，"降低理解成本"正是第一期"老友聚"的主题。

关键的还有一点，我们不仅仅邀请企业家，更会邀请跨界但是同样富有见识的人士来参与。每次"老友聚"，都会有哲学、心理学、社会学、脑科学、人工智能等领域的专家参与。跨界交流非常重要，你会听到对同一问题来自不同领域的真知灼见。尽管大家知识背景不同、专业领域不同，但都同样富有好奇心、激情和洞见，这样保证大家处在同一频道，相互启发而才思敏捷。

第一期"老友聚"结束以后，总结的成果通过微信、知乎等渠道传播，又引发了很多讨论，我们感到这是一个重要的主题，对这个时代意义非凡。所以三位作者找到了北京西郊阳台山一处幽静的民宿，闭关了一个周末，在充满激情、不断迸发智慧火花的高强度头脑风暴中，确定了本书的框架。

　　这样高效协作的前提在于相互的理解成本很低，而协作者相互理解成本低的前提又在于同频。要想同频，则要满足这几个条件：

- 首先价值观必须相同。当不同的人协作做事时，不见得所有的事情马上都会有财富的产出，在这个时候，是不是认为所做的事情有长远价值而愿意投入资源去做，这就很关键了。

- 其次，需要在做事之前在权、责、利分配机制上达成一致。例如，我们在创作本书时，约定好三位作者每人投入 1 万元作为启动资金，交由叶壮统一管理。而后稿费每人 1/3。这样，我们在租民宿、吃大餐等时的决策效率就很高，大家觉得好，马上就办，不用去想这次我买单、下次他买单，应该买什么不应该买什么，相互之间的理解成本大大降低。

- 协作者要在专业背景上尽可能地具有差异，但要同样地富有经验和洞见，形成最大的互补。三位作者中，唐文是哲学背景，长于营销，历经的公司多，善于天马行空地找新思路；邓斌原来是华为咨询业务高层，现在又运营公众号春暖花开和书享界，向陈春花等学者、专家学了不少企业管理技巧；叶壮则具有心理学专业背景，非常善于为各种人的行为找到心理学的原理根据和案例支持。三个人搭档，就形成了非常好的互补关系，相互启发，相互推动思路。

同频者相互协作时彼此的理解成本更低，这个道理同样适用于创业团队的搭建。

4.2 情感

4.2.1 审美

毕加索晚年为什么坚定地向孩子学画画？

有这样一段描写西方现代派绘画代表人物毕加索的文字："看毕加索年少时给父母友朋画的肖像，那种洗练老成、要言不烦，乍看是天纵其才，再看倒像是大匠晚年才修炼到的境界。毕加索有自己的说法：'我在十几岁时就能画得像个古代大师，但我花了一辈子学习怎样像孩子那样画画。'"这大概是毕加索最广为人知的一句话。作为现代艺术的创始人，毕加索是公认的天才，对这句话的内涵，没有人比毕加索说更有说服力。

毕加索的父亲是美术学校的教授，一次偶然的机会，父亲发现毕加索给他未完成的鸽子素描涂色，在仔细观察了毕加索的笔法后，他觉得十几岁的儿子已经超越了自己，发誓从此不再绘画。

随着年龄的增长，毕加索越来越欣赏儿童画，而且把自

己的画风做了彻底的改变。为什么呢？众所周知，儿童特别
喜欢随意涂画，他们画自己所知道的，而不是画所看到的。
绘画艺术并不求精确，因此儿童画也不是现实世界的复制
品。据儿童美术教育学家分析，3 ～ 7 岁的孩子被称为"大师
期"，小孩子会极度渴望感受周围的世界，并且不受经验、知
识、他人的影响，不受物体表象的干扰，能够把他的"内在
需要"表现出来，而这种独特的感受，是艺术得以生发的基
础。成年人经常把一些认知强加给儿童，"你的小猫怎么有两
个头""你画的太阳为什么是绿色的"等，其实儿童是以一种
有感染力的、直接的方式表现出没有被固化的世界。画家们
的毕生追求，就是能像个孩子那样抓住事物的本质。在降低
理解成本的沟通中，毕加索这种不忘初心、回归本质的审美
观，是人们的基础情感。

4.2.2　情感回路

你是否有这样的感受？突然遇到一条蛇，你马上会毛骨
悚然。而如果你不幸被蛇咬过，之后你看到类似蛇的样子的
事物也会感到害怕。正所谓"一朝被蛇咬，十年怕井绳"。

你在花园散步时，看到一个躺在婴儿车里的婴儿，笑得
特别甜、特别可爱，你就不禁会生起欢喜之心。如果你已经
为人父母，曾经也这样推着你的孩子在花园里散步的话，这
种感受就会更加强烈。

类似的例子举不胜举。

我们对蛇有天然的恐惧，对婴儿有天然的喜爱，这种情感回路存在于我们的大脑中，烙下深深的印记，一旦遇到外部的触发，马上就会奏效，激发起相应的情感，根本不需要思考。

前面我们说过，**人对情感的理解成本是非常低的。**

易宝支付做大型活动时，经常会请一个关公扮相的演员到接待处和大家合影，每次来客都很踊跃地和"关公"一起照相，还喜欢把照片发到朋友圈去秀一秀。

为什么关公会有这么强的吸引力呢？因为关公具象化了正气、英勇、义气以及财富（关公是武财神之一）等意义（见本章"讲故事的能力"一节）。我们从小就开始听《三国演义》的故事，看《三国演义》的电视剧和动画片。我们不断看到以各种艺术形式演绎的桃园三结义、千里走单骑、刮骨疗伤等故事，这些故事都以关公为主角，不停地对我们形成刺激，久而久之，让我们对关公的正气、英勇、有胆识、讲义气等品质产生了敬佩的情感，或者说形成了一种情感回路，只要见到关公，这种情感就会油然产生。所以易宝支付做活动时，借着关公在人们头脑里的情感回路，要传递给来客的一些氛围自然很快就能够让他们领会到了。

情感回路的手法屡屡被应用于现代营销之中，比如我们总会将豪车称为"香车"。首先车自己是不会有香味的，但人们天生就对有香味的事物有好感，这是一种很强烈的情感回路。所以将豪车称为香车能大大增进人的好感。想想如果叫作"钢车"那会多没趣，即使"钢车"更符合车的物理属性，从逻辑上更正确。同样，很多人没有细细读过古龙的小说《楚留香传奇》，但会对被称为"香帅"的楚留香印象更深刻并有好感。

此外，你试着给一个几岁的小女孩去说说"可可·香奈儿"和"奥普拉·温弗瑞"这两个名字，看她更容易记住哪一个？对哪个名字更有好感？显然多数情况下是"可可·香奈儿"。

理解了情感回路的原理，你就会明白为什么当你做演讲，想赢得更多的人共鸣时，你应该以"我有一个梦想"作为主题，而不是"我有一只蛐蛐儿"。因为每个人都会有梦想，每个人对梦想都有憧憬，梦想让他兴奋，让他愉悦，让他富有激情。但只有少数人养过蛐蛐儿，更少数的人会跟蛐蛐儿有情感回路。所以是梦想，而不是蛐蛐儿，更容易激发人们的共鸣。

4.2.3　情感激活

2017 年 9 月 6 日，华为创始人任正非在华为内网"心声社区"转发了一个帖子，迅速刷爆全网。这个帖子是这样的：

> "加西亚，你回来吧！孔令贤，我们期待你！2014 年孔令贤被破格提拔三级后，你有了令人窒息的压力，带着诚意离开了华为。周公恐惧流言日，更何况我们不是周公。是公司错了，不是你的问题。

回来吧，我们的英雄。

"我们要形成一个英雄辈出的机制，英雄辈出的动力，英雄辈出的文化。要紧紧揪住英雄的贡献，盯住他的优点，而不是纠结英雄的缺点。回来吧，加西亚，是公司对不起你。"

任正非在这个帖子上还加了一个按语：

"为什么优秀人物在华为成长那么困难，破格 3 级的人为什么还要离开。我们要依靠什么人来创造价值？为什么会有人容不得英雄？华为还是昨天的华为吗？胜则举杯相庆，败则拼死相救，现在还有吗？有些西方公司也曾有过灿烂的过去。华为的文化难道不应回到初心吗？三级团队正在学习'不要借冲刺搞低质量''满广志、向坤山都是我们时代的英雄'，不是导向保守主义，而是让一些真正的英雄的血性偾张，脚踏实地，英勇奋斗，理论联系实际，让这些人英勇地走上领导岗位。为什么不能破格让他们走上主官，为什么不能破格让他们担任高级专家与职员？为什么不能按他们的实际贡献定职、定级？遍地英雄下夕烟，应在 100 多个代表处形成一种正气。形不成正气的主官要考虑他的去留。"

当你读完这个按语，是不是被这位耄耋之年的企业家如此爱才所感动？那两天，朋友圈刷屏就说明了大家的态度。有人说这是华为策划的一场秀，但作为曾经在华为工作十余年的我（本小节的"我"为作者之一邓斌），我认为这就是真性情的任正非的一贯风格，也正是他的真性情，让曾经在华为奋战过的将士、当前还在华为奋战的将士以及未来即将加入华为的人，都看到一个敢于自我批判的华为领军人！

4.2.4　幽默

我们上大学的时候，总有这样一位老师：他学识渊博、兢兢业业、待人和善，但是他的课，要么来的人比逃课的人还少，要么台下的学生听上二十分钟就睡倒了一片。通常并不是因为他讲的内容没价值、不正确，也不是因为老师自己态度差、没魅力，而是因为他讲的内容太无趣了。

高效处理信息的一大前提是专注，而保持专注的重要力量之一是幽默。不仅如此，有的时候，幽默的表述还能帮助信息完成更高效的传递。

做过老师的人都知道，下午第一节课是非常不好上的，因为同学们的状态普遍不太好：要不是刚刚打盹起来还没清醒，要不就是中午吃得太饱已经开始犯困瞌睡。面对昏昏欲睡的受训学员，不少老师都会靠笑话让他们兴奋起来。

笑话的存在具有相当的跨文化性。再严肃的民族，他们的文学作品中也会有市井味十足的笑话，甚至会演化成一些标准化的格式。比如，欧美的"敲敲门"笑话，通常由一人说出"敲敲门"（knock knock），而听笑话的人则要回答"是谁？"（Who is there？），随后笑话才正式开始。而英国常见的一种笑话叫作"英格兰人、苏格兰人和爱尔兰人"，都是以"一个英格兰人、一个苏格兰人和一个爱尔兰人"（An Englishman, a Scotsman and an Irishman）开头，主要用于讽刺地域的特性与差异。

虽然笑话本身并不严肃，可对于笑话已经有了不少严肃的科学研究——笑话以及随之而来的幽默感对于信息理解的积极效果主要集中在两个方面：抓取注意力和刺激顿悟。

效果最好的笑话，有这么几类：与性相关的笑话，政治笑话，针对特定人群（比如老板、某个职业、某个民族）的笑话，富于曲艺性质的、有韵律的笑话（快板书、顺口溜），涉及强关系（夫妻、婆媳、朋友）的笑话。在不同的场合，能起到良好效果的笑话也各有不同，但只要能刺激起人们的情绪状态、表情甚至肢体动作，就可以收获大量的注意力资源。

在中国英语培训行业曾经一时风头无两的"新东方"，在其相当长的一段发展时期内，都十分依赖于授课教师"讲段子"的能力和质量，甚至一度将这种在课堂上提升情绪体验的模式融入自己公司的品牌战略之中。很多新东方的教师会在备课前准备授课的逐字稿，而这些授课内容中，哪里放笑话、怎么讲、有什么样的预期效果，都是经过预先设计的。很多时候，新东方老师看似信手拈来的优质段子，其实是经过千锤百炼的教研选择。

然而，为了获取注意力而采取幽默，终归是落了下风。幽默在激活情绪时，其实也为传递观点打开了更宽的通道。一位新东方的老师在谈到英语学习要"活学活用"时，讲了一个大概只有中国学生才能听懂的笑话：

> "有一次，我在高速公路上开车出了事故，就拨打了"911"。一位黑人警察叔叔很快赶到了现场。当时我脑袋被撞出了个洞，血不停地往脸上淌。警察叔叔就敲敲车窗，问：'Hey, how are you？'（你还好吗？）我一听到这么熟悉的话，想都没想立刻无比流畅地回答：'Fine, thank you. And you？'（好啊，谢谢，你呢？）警察叔叔立马崩溃，脸上鲜血直流还'fine'（好）？更让人受不了的是还加一句'And you？'（你呢）那黑人警察叔叔一愣，来了一句'Me too, then see you！'（我也好，那回见了），就作势要走，这下我才反应过来自己到底说了什么。"

什么样的幽默能够帮助完成信息传递呢？有句话叫"幽默即智慧"，一定程度上是有其科学道理的，两者都有一个共同点：创造性。笑话，是一种讲求创造性的语言产品，创造性是它最重要的成本。

2009 年，考夫曼（Kaufman）和贝格托（Beghetto）提出了"创造产品"这个概念。而"创造产品"被由高到低区分为四类：一是大创造，也叫杰出创造，爱因斯坦的相对论就属于这一类。二是小创造，也叫日常创造，日常工作中的创造性解决方案和突然感悟。现在我们认为这种创造的能力在一定程度上是可测量的（Amabile，1982）。三是微创造，指的是个人对学习过程中的体验或事件做出的有个人烙印的诠释。比如练习弹吉他时，寻找最适合自己的弹奏方法，开发个性化的技巧与手段。微创造是让一个人从新手构筑成为专家的心理水泥。四是临创造，指的是技能娴熟的人进行的专业化创造。比如，设计师画一张新海报，策划人员构思新方案，段子手编个新段子。

笑话可能出现在微创造和临创造的任何一个之中，而在与他人分享这种创造性时，也更容易促成他人产生对事物的新理解与认识，进而降低理解成本。

与此同时，还有研究发现，创造力与积极情绪是互相唤醒的关系。这为"笑话""积极情绪"和"降低理解成本"三个元素的共生与良性循环提供了非常好的证据。

幽默的力量，不在于激起一时的欢笑，而在于给信息包上了方便入口的糖衣。

4.2.5 负面情绪更易转化为行为

"痛苦是让独立个体改变的唯一原因。"这话失之偏颇，但对于讲出这句话的人——罗伯·史密斯（Rob Smith）来说，却可能是一条颠扑不破的真理。罗伯是美国工作力培训项目的负责人与核心教师。这个项目的主要作用是帮助刑满释放人员，在他们求职之前，对其进行一系列与职场相关的知识和能力的培训：从如何握手到怎么打销售电话，从面试技巧到应用文写作。罗伯的工作很出色，以至于有一部专门的纪录片《生存》（*Get to Work*）就是用来展现他的工作实景以及项目情况的。罗伯的成就来自他的能力和坚持，不过也可能来自他自己曾经在联邦监狱服刑的经历。

　　作为一名培训师，罗伯要向大量刚刚刑满离开监狱的人阐述"怎样才能找到工作"以及"怎样才能保住工作"。但是他发现，稳定的酬劳、工作的成就感和美好的生活愿景并不能太好地刺激人们去深度关注和理解他的课程，反而是对于负面感受的刺激拥有更好的效果。

　　在纪录片里，他告诉一个不服从课堂纪律的"刺头"："如果没有工作，还在街头晃荡，你恐怕很快就会再次失去自由。我不求着你接受帮助，如果你希望的话，你可以现在就走，连这次培训的机会也一并失去。"

　　不管是愤怒、委屈还是恐惧，负面的感受都会激发人们对于当下信息的重视，进而更直接地促进行为的发生。经济学家丹尼尔·卡尼曼（Daniel Kahneman）曾提出概念"损失厌恶"（Loss Aversion），指的是人们在面对同样数量的收益和损失时，认为损失所带来的感受更强烈。对于绝大多数人来说，同样是 50 元钱，捡到 50 元钱的喜悦程度可远远比不上平白无故丢掉 50 元钱的难过程度。

　　行为是情绪的出口，而这些对损失的厌恶会转化成一系列的行为，甚至是不理智的行为。恋人分手之后，总想时不时地了解一下对方的近况；手持的股票下跌，就会更加频繁地关注股市走向；孩子的成绩不好，就会更多地过问孩子的学习动态；体重最近上涨，就会更关心一些跟节食瘦身有关的小贴士。

很多时候，负面的感受要比积极的感受更能刺激人们对于事物相关信息的重视，因为收集与处理信息往往是解决问题所需要做的第一件事。虽然看前男友或前女友的动态、频繁关注股市、说教孩子学习、看一些励志减肥文章都没有什么实际解决问题的作用，并不能直接帮你复合、止损、提高孩子成绩、减重，但它们都有一个共同的效果：因为收集相关信息也算是"行动"，所以帮助人们缓解了负面的感受。毕竟，倘若恋人恩爱、股票上涨、孩子学习成绩优异、BMI（身体质量）指数正常，那说明事情都在正轨之上，了解相关的信息那自然也就没什么紧迫性了。

很多时候，"你能获得什么"并不会产生什么刺激，而"如果你不这么做，你就会失去什么"却能够起到非常好的效果。这也是为什么折扣券通常都有有效期，也解释了为什么有的好广告，都带有一些"恐吓"的属性。比如，杜蕾斯在 2014 年父亲节的广告语"致我们竞争对手的使用者：父亲节快乐"。在体现幽默感的同时，其实也刺激了目标客户的焦虑感——如果没用杜蕾斯，就等着失去"自由、潇洒"的日子吧！

如果要让对方关注并消化你要提供的信息，不妨先给对方营造一种"脱轨"的感受，再将信息作为解决方案的一部分提出来。

清末，戊戌变法失败后的 1900 年，梁启超作《少年中国说》，在极力歌颂少年朝气、振奋人民精神之前，使用了大量的篇幅表达中国彼时的艰难困境和民族危机，以此来激发家国情怀，为读者对其思想的深入理解做了相当多的铺垫。全文第一句"日本人之称我中国也，一则曰老大帝国，再则曰老大帝国"就直指当时中国所承列强"老大帝国"的侮辱性称呼。文中还有一段："而今颓然老矣，昨日割五城，明日割十城；处处雀鼠尽，夜夜鸡犬惊；十八省之土地财产，已为人怀中之肉；四百兆之父兄子弟，已为人注籍之奴。岂所谓'老大嫁作商人妇'者耶？呜呼！凭君莫话当年事，憔悴韶光不忍看。楚囚相对，岌岌顾影；人命危浅，朝不虑夕。国为待死之国，一国之民为待死之民，万事付之奈何，一切凭人作弄，亦何足怪。"这更是强调了国家层面的"损失"现状，这种负面情绪的激活，对于传递文章信息，甚至激发读者的行为，都具有非常直接且强烈的作用。

4.2.6　认知失调

人们对于信息的接纳水平其实并不完全依托于理性，很多时候，对于那些"正中下怀"的信息，人们接受起来会容易得多。比如，当你奉劝一位老烟枪戒烟时，对方很可能非但不接受你的建议，还会抬出一些极端的案例来反驳你："英国前首相丘吉尔天天烟不离手，人家活了九十一岁！我前几天还看了新闻，说有个老太太，从十几岁抽烟，人家现在都活到一百多岁了！"很明显，这些孤例并不能真正在逻辑上反驳"吸烟有害健康"，但拒不戒烟的老烟枪能把这些信息牢牢记住，甚至看到一些新的能够佐证自己想法的信息时，还能产生强烈的关注度与认同感，没准儿还要转发到朋友圈里告诉人们："你们看！就算天天抽，照样活到九十九！"

很多时候，人们对于那些可以佐证自己观点的信息，会更加看重、更有好感、更能记住——就算他们自己的观点是错误的。这与心理学中的"认知失调"效应有关，当人们面对自身两种认知的冲突时，会迁就其中一个，继而寻找理由和信息来将自己的决定合理化。老烟枪面对"戒烟"和"继续抽"的选择时，选择了后者，为了将这个决策合理化，他需要寻找更多的理由，但又不能是"我没毅力""我就是喜欢抽烟""我其实不太在乎健康"这类涉及自我贬损的理由，这样一来，那些既抽烟又长寿的知名人士当然就很容易成为他的挡箭牌。

认知失调的力量非常强大，只要在激发受众的认知观点之后提供匹配的信息，它就可以产生巨大的影响力。"认知失调"理论的提出者利昂·费斯汀格（Leon Festinger）在《当预言失灵》一书中提到了：

20世纪50年代的美国，社会上流行一些崇拜外星文明的邪教。他们不仅仅热衷于讨论飞碟和外星人，甚至还专门有相关的教义和仪式。总之，从教主和信众的表现来看，他们认为外星文明就是主宰世间万物的至高力量。

其中的一个小规模邪教团体发布了一个公开预言——1955 年的 12 月 25 日，一场洪水会再次将世界淹没，但那时，外星人会开着飞碟来拯救他们这些早就入了教的地球人。

这个预言登上了报纸，被费斯汀格看到了。他带着自己的几个学生一起前往这个邪教团体影响力最大的地区，隐藏了自己的真实身份，卧底加入了邪教团体，开始近距离观察这些人的行为。然而，预言的世界末日并没有到来，那只是又一个普通的圣诞节。但让费斯汀格不解的是，虽然很多信众因为这个预言已经有了巨大的损失——他们辞职、挥霍钱财、变卖家产，但预言落空之后，他们反而对教主更加崇拜，对他们的错误信仰变得越发虔诚了。与此同时，他们对教主的解释也坚信不疑："因为我们的日夜祷告与虔诚信仰，我们已经感动了上天。仁慈的神因为我们的坚持，决定不再惩罚全人类了！"

费斯汀格认为，信众们此时已经陷入了"打肿脸充胖子"一般的认知失调，解释纵然荒诞，却不亚于一段悦耳的福音——这段信息可以带领他们脱离主观思想与客观实际的矛盾所带来的痛苦。

费斯汀格认为，要想让人们接受一段哪怕是虚假的信息，最好要满足三个条件：第一，信息要符合人们之前的信念；第二，信息的提出者要多多参与与这段信息相关的活动；第三，要维持对于信息的坚定程度，还要有来自社会的支持或者小团体内部的相互支持，这样才能相互强化对于信息的认同程度。试想，如果有一只吃不到葡萄的狐狸，面对着"想吃"的意愿和"吃不到"的现实，它一定会很期待出现这样的场景：

> 有一只老狐狸来告诉他："根据我多年的经验，那葡萄一定是酸的。那葡萄藤上的葡萄以前我吃到过，特别酸，你让我吃我都不吃。"
>
> 与此同时，还有几只狐狸跟他附和与互动："就是就是，特别酸，谁会傻了吧唧去吃啊！"
>
> 这样一来，吃不到葡萄的狐狸才一定有底气说出这样的话："哼！老子才懒得吃那酸葡萄呢！"——虽然这个信息未必真实。

很多人认为理性与感性在天平的两端，但实际情况却未必如此。在剑桥大学的心理学和神经科学教授罗格·卡彭特看来，感性永远都比理性跑得快。很多时候，我们都是对事物先产生了感性的认识，随后才激活了大脑中与理性相关的区域：理性不是帮助我们寻找答案的，理性是帮助我们佐证我们直觉上已经认可的答案的。

对于一个事物，我们产生观点和态度的反应时间，其实要比我们想象的短很多，而我们与理智相关的神经系统则需要更长的时间来反应我们究竟碰到了什么，随后再搜罗信息，把我们的决定在心理层面上合理化。理性其实是非常倾向于"跟着感觉走"的，我们如果可以把信息注射进理性在为感性努力寻找支持的特殊阶段，就可以起到极好的效果。也正因为如此，我们可以以一些小成本、小投入、小影响的活动接触我们试图影响的人群，把感性的种子先埋下，随后再收割更为高效的信息传递。曾经有一个著名的实验就说明了这种方法的可行性。

研究人员要求两组家住在城乡接合部的居民在自家房子前立起一个巨大的标示牌，上面写着"小心驾驶"。第一组居民只有 17% 接受了这个要求——不美观、影响视野、要花时间安装，理由多种多样。而第二组居民有 76% 的人都同意了。原因是研究人员在提出这个要求的前两周，已经去找了第二组的居民，他们当时携带着一张"小心行车"的贴纸拜访了这些住户，并邀请他们直接将一张贴纸贴在自家朝向道路的窗户上。几乎所有的居民都同意了，毕竟这事儿没什么负面影响。但贴上贴纸的两周后，研究人员再次到访，这下才提出了实验真正的要求：把窗户前的小贴纸换成房子前的大牌子吧！第二组的居民一开始答应了一个微不足道的要求，却已经建立起了一种认知：我是一个热心公共事务、愿意为了社区利益做牺牲的优质公民。但两周后，为了维持这种认知，他们更容易接受做出更大牺牲的要求。

当我们试图向他人传输信息时，不妨先让对方认可一些与这些信息相关的观点，并提前建立起可以被这些信息支撑的态度。人们都更喜欢"正中下怀"的信息，对这些信息的接纳、了解、记忆都会高效很多。在很多热点事件发生后，会有不少阅读量很高的文章流传在社交媒体上，这些文章论观点并不新颖，论表述也不出彩，但它们往往都有一个共同的特点——能够迎合人们对于这个事件的认知、情绪和态度，那也就更能被注意、被接受、被传播。

利用感情预设与认知失调来降低理解成本，是"见人下菜碟"的一种高级应用。须知，想让理性的信息走上快速路，不如提前用感性的信息设立一个收费站。

4.3 场景

4.3.1 降维表达

要想把一个产品说清楚，最详尽的莫过于产品说明书。

一部手机的说明书可能有十来页，而一部汽车的说明书则可能有厚厚的一本。信息多还不算，关键里面还堆砌了许多专业数据和很难懂的逻辑。所以要想吸引消费者的注意，直接把产品说明书塞给他们显然不是高明的做法。这个时候，表述更为简洁、关键信息更加突出的广告就要有用得多。

在城市里，广告的表现形式显然要丰富得多，尤其是显示屏随处可见。不管你愿意还是不愿意，那些充满时尚感和科技感，伴随着劲爆的音乐，色彩斑斓的广告画面总是扑面而来。但在农村，广告的表现形式就要大打折扣。第一，农村的生活形式更加单调，人们未必会对那些炫目的广告有共鸣；第二，刷墙就意味着广告的表现力不可能那么丰富，你只能呈现最简单的语句。可别小看这样的刷墙广告，它至少要起到以下这 3 个作用：

（1）要让人们很快就能记住这句广告词。

（2）要让人们接着记住这句广告词里的品牌或产品。

（3）要有力地推动人们下一步的购买行动。

归纳为一句话，就是刷墙广告（见图 4-2 和图 4-3）的理解成本要足够低。

图 4-2　刷墙广告举例（一）

图 4-3　刷墙广告举例（二）

我们可以观察总结一下这些刷墙广告为什么能做到理解成本足够低。

简短

绝大多数刷墙广告的字数都控制在 20 个字之内。道理很简单，太长了不醒目，人们也难以记住。控制在 20 个字之内的大广告，刷在墙壁上，每个字都尽可能地大，非常醒目，人离得很远就可以看清楚，20 个字一眼扫过去，人们就能一目了然地把握所有内容。20 个字也常常是人们记忆的阈值。中国古诗里字数较多的是七言绝句，也就意味着一句诗最多是 7 个字。上下两句对仗，加起来就应该在 20 个字以内，更理想的是在 14 个字以内。比如经典标语"要想富，先修路"，总共才 6 个字。

押韵

毕竟广告语不是写诗，不需要遵从诗歌那么严格的写作形式规定，但有两个要素是不能丢的：对仗和押韵。

深受中国传统诗歌的影响，对仗以及押韵的两句话更容易让人记住。这里面含有社会心理学的原因，中国古诗词流传已经有几千年，甚至在农村都广泛扎根，许多人即便没有上过学，从小也通过口口相传的方式听过不少朗朗上口的诗歌。由此可见，对仗和押韵，对人们的记忆影响至深。诗歌的社会接受习惯远远强于才兴起几十年不久的现代广告，即便后者的表现形式更丰富一些。比如"要想家人身体好，亿家净水少不了""在家网上开店铺，家庭事业两不误"等，它们基本没什么文学价值，但一听就能记得住。

紧扣生活场景的大白话

不用复杂的表述，尤其避免使用专业术语，而尽可能用农民兄弟耳熟能详的表达是这些广告语的一大特点。非但如此，广告内容还要紧扣农民兄弟的心理或者他们熟悉的场景，尤其是夫妻关系、父母与子女的关系等。这样才能做到农民兄弟一听就懂，更容易有共鸣。比如"老公挣钱老婆花，雷克萨斯买回家"，这显然是雷克萨斯的广告，但整个广告语除了露出一个雷克萨斯之外，没有讲述雷克萨斯的任何特点。

老公挣钱老婆花，其实与雷克萨斯没有直接的联系。不过这个广告仍然做到了让人们一下子就记住，下一步行动也是很明晰的，去买一辆雷克萨斯。再比如图4-2中的"好网选移动，流量放心用"，前半句是供给侧的视角，强调产品服务品质好，后半句则是需求侧的视角，突出了"放心用"这个利益点。这句话读起来非常押韵，朗朗上口，容易记忆，也构成非常好的购买理由。

我们这样来肯定农村的刷墙广告，并不意味着我们否定专业的产品说明书。事实上，一本内容详细、信息正确的专业产品说明书是必不可少的。对于相当一部分用户来说，他们需要产品说明书来指导自己的购买和使用。但这样的用户往往专业性更强，更关注产品的细节，并且获取资讯的渠道更加丰富。但对于大众来说，更多的人是看广告而不是看专业说明书去选择产品的。人们要面对的产品太多了，不可能每个产品都花费那么多时间去研究，他们的购买欲望往往需要广告的唤醒，即便这个广告是偶然发现的。

在农村，广告的维度更要贴近人们的生活，简单、直接，让人们容易记住，并且购买动机一目了然。如果我们想要传播获得更大范围的影响，就必须不断地对传播的复杂程度进行降解，更加紧贴受众的生活和接受习惯。

4.3.2 场景化

2017年9月的时候，一则《深夜，男同事问我睡了吗》

的 H5$^\ominus$刷遍了朋友圈，这则小成本制作的 H5 获得了千万量级的关注。尽管人们最后发现它是有道翻译官的广告，但还是乐此不疲地在朋友圈、微信群里传播它。

那为什么人们愿意主动去传播一则广告呢？奥妙在于这则广告嵌入了容易激发人们兴奋情绪的场景。故事的主角是一个女孩子，深更半夜时突然收到了男同事的微信问候。这个女孩子立刻兴奋起来，觉得这个男同事要对她表白了，于是开始热烈地在微信群里和闺密讨论。她脑子里充满了丰富的想象，预设了各种回答男同事的答案，又觉得不妥，一个个否定掉。结局让她很失望，原来男同事只不过想请她帮忙翻译一份英文文件而已，于是她找来有道翻译官，很快地完成了这个任务。试想，如果这则广告上来就直接谈有道翻译官的好处，还会有多少人关注，多少人转发？显然，这个场景激发了人们的兴奋情绪，或者说触发了人们的情感，这才是这种广告得以广泛传播的核心原因所在。

在本书的前面，我们谈到过进化对人们心理至关重要的影响。所谓场景，就是我们身处其中的有具体画面感的世界。从我们的祖先诞生起，我们就生活在具体的场景中。我们熟悉场景要远胜过其他抽象事物。要知道所谓的图像符号、文字或者抽象的概念，长则不过几万年，短则仅仅只有几千年的历史。我们对场景的敏感度远远超过抽象的事物，关键还在于场景

$\ominus$　H5 指 HTML5，即移动端的 Web 页面。

而不是抽象的概念符号更容易激发我们的情感。因此，当我们想警告别人这里有危险品，不要随意靠近时，画一个包括骷髅头和大腿骨的图案远比写上"危险"二字要管用得多。

当我们希望别人理解我们产品的价值时，我们会特意强调它强大的功能。我们很容易觉得产品的功能越强大，越能解决用户的问题，价值度就越高。但这并非事实的真相。人们对于情感的体验要比功能强大的印象更为强烈。有的产品的强大功能确实让我们印象深刻，但实际上令我们印象深刻的是这种强大功能所带来的改变，以及由此引发的情感体验。比如电视机刚诞生时，人们对于远距离传输图像的功能大为感叹。因为在此之前，人类漫长的历史中从未实现如此功能，以至于这个功能刚出现时，让对此充满新鲜感的人们大为震撼。但到了今天人们对电视司空见惯时，功能还是那个功能，甚至更强大了，但鲜有人会对此印象深刻，因为这些功能不能再激发人们更多的情感了。所以，当我们想降低理解成本时，方法之一就是要嵌入具体场景，尤其是那些很容易触发人们情感的场景。

一个有关蓝翔技校的段子就曾经很好地利用了这个技巧。大家一定在新媒体上看到过这样一个故事。一男一女正在海上，男的对女的跪下来说着海誓山盟，说："我很爱你，以后人生碰到什么选择都让你先选。"这时突然游来了一群鲨鱼，男的二话不说，跳海游走了。女孩悲痛欲绝，幸好来了条船把她救起来。船长对女孩说："你的男朋友很伟大。"女孩回答："他有什么伟大？本来说人生有什么选择让我先选，危难来临自己却先逃了。"船长说："你误会啦，我通过望远镜观察发现，是你的男朋友用刀割破胳膊，用鲜血引走鲨鱼，我们才有机会救起你。"女孩这才恍然大悟，原来她的男朋友真的很爱她，于是她决定跳海殉情。船长一把把她拉住说："你别傻了，如果是我，我就找挖掘机把这片海给平了。"女孩顿了顿，问了一个问题："挖掘技术哪家强呢？"船长回答："请到山东找蓝翔。"和有道翻译官的广告一样，我们最后发现这是蓝翔技校的广告，但仍然是乐呵呵地转发到朋友圈去，因为这个场景确实太感人了，触动了我们头脑里最敏感的情感神经。

4.3.3　现场化

很多时候，场景表述得再清晰，恐怕也难以传达那些只可意会不可言传的信息。的确，很多感受就算口吐莲花也不能直接表达，这时，现场化——在场景中"真听、真看、真感觉"就成了比较可取的信息传递方式。人在现场，那些触手可及的人、物、场景会营造出强烈的信息包裹感，信息是着实可以被看到、摸到甚至闻到的，自然就会比寡淡的话语营造出更强烈的情感体验。

现场化通常比较能刺激的情绪之一，就是二次元语境中的一个常见词——"燃"，它通常被用于形容由场景所激发的激情感受。2008 年奥运会开幕式在北京举行，中国队入场时，全场掌声、欢呼声雷动，这也是现场化的一种表现。对于在场的中国人，甚至正在看电视的中国人而言，"燃"的感受都被充分地调动起来了。大型演唱会之所以能够对歌迷产生强大的吸引力，并不仅仅是因为歌手本身具有主角效应，更是因为大量同好人群的聚集可以在演唱会中激发强烈的现场化学反应。在演唱会中，最容易激发歌迷情绪的几个场合之一，就是集体与偶像同唱经典歌曲，这种群体的行为共振可以带来极为强烈的感官体验、集体融入感以及情绪体验。

日本歌手中岛美嘉在她的一次演唱会中，经典歌曲《雪之华》一开口就引发了全场过万人的大合唱。在全场共同唱完之后，中岛美嘉向所有歌迷致谢，而台下的掌声与欢呼声持续了将近一分钟。这次大合唱的视频被冠以《一万人的雪之华》的新名字，经过剪辑后发布了。值得一提的是，最终视频中并没有太凸显中岛美嘉，而把绝大多数镜头集中在现场的歌迷脸上，除此之外，视频最后还以字幕的形式，把当天到场的每一名歌迷的名字都呈现了出来。对于看到视频却没有到现场的人来说，这其实也是一种"现场化"的表现——你看，就是这具体的一万个人，在那个冬天的晚上，一起唱了你刚才听到的歌。

凡是大型演唱会，总会安排一些歌曲用于"万人大合唱"，而这种现场化手段带来的强烈感受，会直观地让人对当下所接触的事物产生深入认识。

有时，我的朋友会让我给他们出国旅行提些建议。我的建议通常包含这样一条：以主队支持者的身份，去看一场这个城市最认可的运动的现场比赛。在欧洲看足球，在美国看橄榄球，在加拿大看冰球——看不懂没关系，重点是要把自己投入那个激情四射的现场，以收获旅途中特别重要的美好。作为一名游客，在他乡的街道上走走肯定感受也不错。但如果你带上这个城市队伍的旗帜，穿上他们的队服，甚至在脸上画上队徽，就算你连队长的名字都不知道，你也可以在当天以"当地人"的身份体验一下那里真正的生活情趣。

不过，现场化的力量，有的时候并不会以"燃"的形式呈现。不少优秀的画家、作家和演员，在投入新的作品创作之前，都会花不少工夫去采风，而采风这种体验生活的形式，就是通过现场化的手段来让创作者更能理解、消化角色的视角、观感与态度。

专栏作家芭芭拉·艾伦瑞克在写她的重要作品《我在底层的生活》之前，就经历了艰难的裁缝生活。为了真切地了解自己要写的人群，她摒弃了身为高知分子又身处中产阶级的自己，"卧底"在一个又一个最底层的岗位工作。很快，她发现这次采风一点都不像好莱坞电影，没有因为身份错位出现的乌龙笑料，也没有自己力挽狂澜、救他人于水火的光辉时刻。有的只是身为女佣、售货员、服务生的疲劳困顿与捉襟见肘，似乎进入了一个越贫穷越工作，越工作却越贫穷的怪圈。在体验生活的这段时间里，芭芭拉结识了已刷了 5 年盘子的 19 岁捷克小伙子，也认识了刚改行干家政的 50 岁大姐。除了都拿着低廉的报酬这一共同点之外，他们千人千面，也面对着各自的问题——偷渡者的身份、药物依赖、家庭暴力、老无所依。有一天，在连续工作 14 小时之后，捷克小伙子的老板给他打气："年轻人，就该多吃点苦！"一个星期后，因为怀疑他偷吃了仓库里的过期食品，老板把捷克小伙子踢回给"蛇头"，不知所终。

目睹与体验了这一切的芭芭拉写出了《我在底层的生活》。这本后来被译为 14 种语言的书，盘踞亚马逊畅销书榜长达 12 年，而让这本书深刻如斯的正是现场化的强烈力量。

实际上，现场化在一定程度上也是可以被模拟的，TED 的掌门人克里斯·安德森（Chris Anderson）就深谙此道。TED 的演讲内容上乘，演讲者也很有魅力，但其实还另有一个撒手锏：尽量模拟现场化感受的独到剪辑。有很多演讲现场气氛热烈，但要是录好了放到屏幕上看，就会失去很多"味道"——人们看演讲的视角和人们看电视的视角可是完全不一样的，死板的镜头可无法顾及很多有价值的现场信息。TED 会安排很多机位拍摄演讲，而且镜头会随着演讲者的演讲内容、表达形式和肢体语言发生变化。比如，演讲者向左转身时，镜头就会切换到他正对着的左边的那个机位；如果演讲者正在分享一些比较私人的内容，镜头就会拉近成特写视角，以模拟一对一的交流场景；如果演讲者用比较剧烈的肢体语言做了一个有力的表达，镜头就会快速地拉远，以凸显动作的力度。TED 的演讲之所以看上去"过瘾"，可不仅仅是因为过硬的内容，更是因为精细的镜头语言的加成。

随着科技的进步，现场化也可以依托更多的载体来对人们产生影响。演唱会、体育赛事、试衣购物、房屋装修等场景都已经产生了与 VR 技术深入结合的应用实例。更新、更好的技术为一系列场景提供了现场化的新解决方案，在未来，它们也必然会给用户带来更多的新玩法。

4.3.4　仪式感

通过场景来降低理解成本方面，仪式感是不可或缺的。为什么国际体育赛事开始前要奏参赛双方的国歌？这个仪式，用一个大家都熟悉的声音快速激发起运动员的使命感，快速放下所有分歧，一致向前，全力以赴。其实，当体育赛事前的国歌一响，不但运动员被卷入，包括在场的观众、电视机前面的观众都会被卷入，对这份荣誉和使命都有很大的期待。如果缺乏了这个"帽子"，那就不过是一场竞技，或友谊赛，或个人技能比拼。

可以说，无论是正式组织还是非正式组织，仪式感都是一个非常精妙的方法，快速营造了一种"场"，所有在场的人无论是否 100% 愿意，都会参与进来。那些做得很成功的大企业，都很善于利用仪式感来统一大家的声音。比如，在华为每年的公司市场大会，全球各销售片区的销售代表都会赶回华为深圳总部共商来年的市场战略。在大会正式开始前有一个环节，全体起立合唱《真心英雄》。华为公司董事会带头做自律宣言宣誓，面向全公司视频直播等。你会发现，这种方式和婚礼等情景一样，都在通过仪式感的"场"来做自我承诺。人性是不轻易否认自己过去的选择的，也不轻易否认自己曾经做出的承诺，周边的监督给你一种"场"的压力，这也是降低理解成本的一种体现。

我们发现，不仅是正式组织，还有很多运营得不错的社群，除了让成员感受到价值外，还有很重要一点是有"仪式感"，比如加入这个社群时会有欢迎词、欢迎红包、隆重介绍等，实际上，你在这种仪式感之下加入某个社群，一旦你想退出，思想上是比较犹豫的。

社群本身是非正式组织，为什么这种形态的组织也能运作得很有秩序?《乌合之众》谈到社群中的两个要素：从众、压力。仪式感在一定程度上就击中了这两个要素。举一个例子，春暖花开学习社举办的线下活动有一个环节：全体起立，集体朗诵诗歌《精诚所至，春暖花开》。当这个环节完毕后，现场的气氛已经破冰完成，不需要再对参加活动的成员强调今天要聚焦主题来讨论之类的了，这就是仪式感对降低理解成本的意义。

在企业场景中，仪式感有多种体现：组织内部约定的称谓、精心设计后的奖项等。

先看组织内部约定的称谓，华为的实践给了我们许多新启发。

在称谓的正式化程度方面，华为也花了很多心思。什么叫称谓的正式化程度? 董事长、总经理、总裁、总监等称谓是正式化程度比较高的称谓；接口人、主管、经理、负责人、专员等称谓是正式化程度比较低的称谓。如果你留心就会发现，很多公司的二线称谓正式化程度比较高，一线称谓正式化程度比较低，这就导致一个现象：一线的金牌销售王主管回到二线开会，遇到财经管理部李总监，他的腰不自觉地弯下来，叫一声"李总好"。为什么？因为王主管在称谓上已经低于李总监，他再怎么硬气也硬气不起来。同时，他内心在盘算一件事：尽快回到二线当管理，别在一线打市场。当公司形成这样的氛围时，所有人都想往后端走，一线怎么会有优秀的人才？没有优秀的人才在一线，怎么做出创新的业绩？根本原因是我们的机制设计根本不是导向冲锋、导向未来的。权力在哪里，人才就在哪里。

华为在称谓上的设计就很有意思：同等岗位，一线默认比二线高出半级到一级；一线的称谓正式化程度普遍比较高，二线的称谓正式化程度普遍比较低。传闻华为的"总"很多，是怎么来的？一线的片区联席会议负责人是"总"，地区部负责人是"总"，代表下面客户、产品解决方案、服务、渠道的负责人也是"总"，华为就是要提升一线的称谓正式化程度。二线的称谓则比较简单，最典型的称谓是"部长"，所以如果你在华为深圳坂田基地或华为东莞松山湖基地，听到华为某位后端的主管被称为"部长"，你不要小看他，他可能管 5000人乃至上万人，只是称谓是"部长"而已。经过这个设计后，有意思的现象就出现：每年华为市场大会，一线的那些"总"

回到华为基地开会，遇到二线的"部长"们，比如西非地区部陈总遇到备件管理部赵部长，赵部长的腰就会自觉弯下来，叫一声"陈总好"。陈总的感受也很好，感觉在这家公司有地位，回到一线后和下属们说："这次我回基地开会，公司对咱们还是很厚道的，家里很多人靠着我们打粮食，还得靠咱们养着，兄弟们能者多劳，多加把劲。"这就是称谓正式化程度的心理暗示，当然，任正非也不开"空头支票"，在资源、利益的分配上确实向一线人员大力倾斜，没有让努力的人吃亏，这才形成"遍地英雄下夕烟，六亿神州尽舜尧"的局面。从这个案例中，我们学习到一点：一个优秀的组织，必须在机制层面确保最优秀的人愿意去一线。

从华为的称谓设计中可以看出，用好仪式感，能瞬间让组织中的人理解难以解释的"权力感"。

我们再来看看"精心设计后的奖项"如何体现仪式感。

华为经常给员工发奖，但华为在重要奖项命名上没有以"华为"字样冠名，而是以推动人类文明进步、做出卓越贡献的人物命名。这非常符合人们的心理，人们总是崇尚成功，愿意和历史名人走得近一些。当华为员工从公司领导手中接过以名人名字命名的奖项时，就很有仪式感。

举一个例子，华为挖掘未来将星的奖项被命名为"蒙哥马利计划"，目的就是打通上升通道，不过多强调资历，而是实事求是地根据责任结果，让一些优秀的基层员工得到快速晋升，让好苗子不在等待中枯萎，及时给他们提供更多机会、更有挑战性的工作。2018 年 3 月 29 日华为 EMT（Executive Management Team，经营管理团队）办公会议讨论决定进一步推进"蒙哥马利计划"，在每月例行召开的 EMT 办公会议上为华为员工提供"20 分钟"的演讲机会，鼓励员工向公司董事会成员甚至任正非分享自己的工作成就与心得。每期 2 名员工，每人分享 10 分钟。公司所有员工都可以通过指定邮箱申请成为"20 分钟"分享者，无须层层审批，唯一要求是员工客观展示自己的工作成绩，不空谈尚未发生的事，不转述听别人说的事。"蒙哥马利计划"给每一名基层员工一个"怀才得遇"的机会。2017 年华为通过"蒙哥马利计划"破格提拔了 4500 人左右，2018 年破格提拔了 6000 人左右。历史上的蒙哥马利是谁？他是英国陆军元帅，第二次世界大战期间盟军最杰出的将领之一，因打败"沙漠之狐"隆美尔成就了一世英名，他所指挥过的诺曼底登陆、阿拉曼战役、西西里登陆为其军事生涯的三大杰作。他因为成功掩护敦刻尔克大撤退而得到火速晋升，这一点符合任正非对华为未来将星的期望。

再举一个例子，华为管理体系最高奖被命名为"蓝血十杰"奖，表彰对华为管理体系建设和完善做出突出贡献的、创造出重大价值的优秀管理人才。"蓝血十杰"的原型是第二次世界大战时期美国陆军航空队统计管制处的 10 位技术将官，他们退役后加入福特公司，掀起了一场以数据分析、市场导向、效率提高为特征的全方位管理变革，这一场变革使得福特公司突破了老福特经验管理的局限，重视数字决策，摆脱了老式的生产方式，再现当年的辉煌，也推动了美国历史上最惊人的经济成长，帮助美国迅速成长为世界工业强国，开创了全球现代企业科学管理的先河。

4.3.5　线性思维（以短视频为例）

在《秒懂力》第 1 版问世的时候，短视频还是一个新鲜事物。而最近几年，它已经从一个互联网新生事物，变成了一种结合了文化、商业、审美，并同各行各业都有所交集的庞然大物。

在最近几年里，作为本书的作者之一，我也亲自下场体验了短视频从制作到传播的各个过程，越发感到，这种趋势性产品的诞生，与秒懂力有着脱不开的干系。

在阅读本书其他内容的过程中，你可能已经发现了短视频经常会用到的一些秒懂技术：场景化表达、情绪化表达、叙事结构等。

而在这一节，我想专门探讨一种短视频内容的流行：依托受众的线性思维，创造流行内容。

你或许已经意识到，在过去的几年里，有很多非常"火"的短视频，其实是缺少深度内容作为其支撑与内核的。这也导致很多爆款短视频饱受诟病，以"三个方法让你赚大钱""五句话让你的孩子变优秀""四个问题让你知道对方到底适不适合结婚"为主题的内容在利用人们心理机制的情况下很容易成为爆款，但实际上往往都没有什么真正有意义、有深度的内容。

它们的爆火在很大程度上利用了人们的"线性思维"。顺应人们线性思维的内容，往往很容易成为秒懂的典范——很多人给短视频点赞，并不是出于颠覆认知，而是出于这些短视频在内容层面佐证了他们的本来的想法，未必正确，但通常足够秒懂。

为了省劲儿，我们的认知中往往会有一些思维的定势与倾向。比如，三点水加一个来去的来字，这个字念"涞"，三点水加一个来去的去呢？反正我在第一次碰见这个问题的时候，下意识的反应是这个字应该念"去"。但我想你其实已经知道了正确答案，这个字，实际上应该是法律的"法"。

我们之所以会一厢情愿地误以为这个字同样念"去"，就是因为身处一种线性思维的影响之中。日常生活中，这种思维的小 Bug 其实不少，很多走红的短视频，其制作者也是专门"设局"来影响用户们的感受及决策。

"启发式思维"是线性思维中最常见的一种，也就是人们头脑中最容易被启动的认知，往往也最容易被自己认为是真实成立的。

假设有人问了你一个很无聊的问题："是以'ｔ'开头的英文单词多，还是'ｔ'排在第 3 位的单词多？"你可能会立刻在脑子里搜索一下"ｔ"开头和排在第 3 位的单词。

由于"ｔ"开头的单词更加容易想起或者说更易获得，你可能会这样想："总体来说，我们越经常遇到的东西，就越有可能被想起。我更容易想到"t"开头的单词而不是't'排在第 3 位的单词，可见我过去看到't'开头的单词比较多，所以肯定是't'开头的单词更多。"

这一结论听上去合情合理，实际上却是大错特错——从实际情况中看，"t"排在第 3 位的单词，数量要远远多于它开头的单词。

类似的问题还有很多，比如：两个五寸的披萨，是否一定比九寸的披萨大？秀恩爱的人，是不是真的分得快？

放到了短视频领域，就会有不少特定的场景与话术，来定向启发当事人的感受，比如女性的某种着装和妆容，就会让人认为她很干练；通过亲子沟通中的矛盾，直接启发当事人"孩子不好管，需要好好批评"的情绪体验，而非对真实矛盾进行更进一步的剖析。

当然，这只是一种使用方法，不少运营短视频的高手则会把某种启发式思维植入用户的心智，比如"朱一旦"这样的爆红 IP，在其打造的道路上，就逐渐培养了用户看到面孔即产生体验和评价的启发式思维。

除此之外，"引导式思维"也是一种常见的套路。它引导你忽视更多的思维可能性，进而得出一个单一的答案。比如著名的某款凉茶的广告："怕上火，喝某某凉茶。"你会感觉它非常切中要害，但仔细一想，你就会发现——这句广告语，只涉及搞定怕上火的问题，而搞不定上火本身。你撸了串、吃了火锅，怕上火了，去喝一罐凉茶，倒是的确不怕了——

但第二天你照样上火。但之所以总觉得人家的广告语特有道理，特有影响力，本质上，你也是被这种引导，拽进了过度单一的线性思维之中。

同理，许多看似高深的以"观点表达"作为主体内容的短视频，也是利用了这种思维效应。以似是而非的勾连、并不通畅的逻辑来串联内容，却可以击中用户内心，促使其产生认同感和共鸣感。

线性思维的本质，是一种直线的、单向的、单维度的思维方式，说直白点，它是一种比较强调"直给"的思维模式，这也是它能促成秒懂的原因。存在即合理，这样的思维效应本身有其价值。很多时候，它非常有用，比如我平时做稿费结算的时候，每个字都有定价，该收多少钱，就收多少钱。

但还有很多时候，这种思维模式会碰壁，比如有一天我因为应酬回家很晚，还喝得酩酊大醉，我老婆就不高兴地说："怎么回来这么晚？"于是我非常单线条地认为，回来晚导致老婆生气，于是第二天我再去应酬就注意时间了，不到八点就到家了。但是我老婆仍然很生气，甚至不跟我说话了。我就蒙了，我回来晚也不对，回来早也不对，那你到底想让我啥时候回来？

这是因为我犯了一个线性思维导致的致命错误：把导火索当成了根本原因。

而海量的短视频，实际上都在通过利用单线条的线性思维，去解决本身就非常复杂的日常问题。这会让人们更容易理解，但不一定能带来真正的洞见，在这种思维引导下的内容可能成为爆款，却往往缺少深度。它利用了用户思维上的惰性，提高了传播的效率，却必然因为思维上的过度简化，降低了深度。

线性思维可以带来秒懂，也无伤大雅，但因为刻意利用这一效应，很多"秒懂"的对象，在短视频领域中开始变得肤浅与低俗。作为对于秒懂有更加深刻认知的我们，需要清醒地意识到，线性思维最大的问题，就是没有把问题放到系统的框架里去审视，缺乏一种对于问题的俯视感。但相对应的非线性思维不是，它需要从系统的角度来做全盘化思考，结合长期、中期、短期、直接、间接的各种因素，并以此为基础来进行认知、判断和决策。

所以在面对"被秒懂"的套路时，我还有几点建议。

第一，强制性再思考。比如那个"三点水加个去"的问题，为什么很多人会答错呢？说白了，就是因为没有强制自己在面对问题的时候进行再思考。当我们看到一件事情，或者面对一个问题的时候，一定要注意，决定某个结果的因素，起码有两类：一类叫作导火索，也就是直接原因；还有一类叫作伏笔，也就是间接因素，以及中长期因素。绝大多数情况下，导火索都是非常容易被定位和找到的，这也是很多爆款短视频最喜欢利用的情绪点，你可以说孩子不写作业是因为懒，家里没钱是因为自己没本事，老板不开心是因为你写的策划案不行——但是在非线性思维的帮助下，你才能定位真正的问题所在：错的不是导火索，错的是点燃导火索的火星子。孩子懒，是不是因为对于学习缺乏目标感？自己没本事，是不是因为最近几年光顾着工作而忽略了个人的学习和成长？策划案写得不行，是不是因为你犯了跟之前一样的错误，而老板早就提醒过你？强制自己进行再思考，定位真正的问题所在，是帮助你打开非线性思维的重要手段。

第二，他人的经验不一定就是你的经验。在短视频里，我们可能会见到很多经验分享的内容，比如如何让你的公众号吸粉，或者怎么打造抖音爆款，甚至还有被很多人疯传的"教你 × 招，三天告别单身"的所谓"情感指导"。在这些短视频中，比较有良心的，起码会给出大量立马可以操作的方案，让你一看就有想跟着学的冲动。而你跟着学了，可效果呢？可能有点吧，但还真的没能跟人家说的一样日增 10 万粉丝，对吧？但只要你留点心，你就会发现，这些介绍经验的文章里，往往介绍的都是一些非常具体的直接原因，而不太探讨那些真正核心的中期原因或者长期原因。他们教你怎么给饰品起标题，但是他不教你怎么培养审美素养；他们教你如何跟粉丝互动，但是他们不教你怎么打造一个属于自己的饱满人设。他人的经验，很多时候就仅仅属于他人，这些经验对他有用，往往还是因为带着他自身特点与资源。要想把这些经验变成对你自己有用的工具，就不得不调用非线性思维的手段了：认识到更多的因素、更加宏观的影响机制，以及针对我们自身的状况，做好修正与匹配。

不少短视频利用了线性思维，一路爆火，但这种秒懂技术是一把双刃剑，它可能会抓住注意力，输出强观点，但不一定能触及真正有深度的内容。而如果我们把视角跳出就事论事的短视频套路分析，那我认为，绝大多数情况下，你生活的环境复杂与否，以及会不会变得更加复杂，这事儿不听你的。但是提前做好思维的升级，不要再用线性思维的视角看待一切，这些练习是非常必要的。毕竟，你也不知道突然从哪天开始，你的生活变得没那么透明了，而只有选择更加复杂的思维模式，才能应对当下这个更加复杂的世界。

4.3.6　可视化

谈起可视化，不得不谈起 Dropbox（多宝箱）。安德鲁·豪斯顿是 Dropbox 的创建者，这是很早期提供云存储的服务。当初安德鲁·豪斯顿特别想弄清楚市场究竟会不会对这个服务感兴趣，不过这项服务稍微有些技术含量，想要给目标人群解释清楚可不是那么容易的事，尤其当目标人群的数量庞大时。

如何能让市场更容易理解自己提供的服务并做出反应呢？安德鲁·豪斯顿灵机一动，决定做一个视频，直观地展示 Dropbox 提供服务的全过程。一图胜千言，一段视频又胜过千张图。当这段视频被上传到网上时，很快获得了数十万的浏览量和很多积极的评论。显然，通过这个短短的视频，人们很容易理解 Dropbox 究竟有什么好处。

视觉化可以大幅度降低理解成本，其中的原理仍然跟进化有关。从远古开始，视觉就一直是我们获取信息的主要来源。无论是发现食物还是发现危险，在生存状况窘迫的原始时代，我们的祖先很依赖视觉快速捕捉信息并做出敏捷的反应，这是事关生死存亡的大事。因此，可视化的内容的理解成本更低，这是漫长进化的结果。

在今天，采用可视化来降低成本已经被广泛使用。GiGadgets 是北美最大的科技社区之一（但其主力团队却在北京），他们非常善于用短视频的形式来降低"黑科技"的理解成本。

近些年来，技术更新迭代越来越加快，许多技术呈现跨界交融的趋势，"黑科技"层出不穷。但无论多么高深的技术，有没有生命力的关键在于市场是否接受。而要想市场接受，难题又在于绝大多数技术的理解成本都相当高。和 Dropbox 最早的尝试类似，GiGadgets 也致力于发挥短视频的长处来降低黑科技的理解成本，但它们并不是展示黑科技本身，而是展示黑科技最终成型的产品在具体场景中的应用。人们未必能一下子理解黑科技，却可以在一个具体的可视化场景中一下子理解黑科技给这个世界带来的改变。

其实，我们从小就知道这句话：眼睛是心灵的窗户。眼睛是人体最重要的感觉器官之一，据称 80% ~ 90% 的外界信息由眼睛获取。在纷繁复杂的信息轰炸之下，能给眼睛留下深刻印象的必须具备以下两点：容易看得到的和容易看得懂的。一图胜千言，有图有真相。文字是贫瘠的，暂且不说全球的语言不统一，即使是统一的语言，也经常有歧义，要靠受众"悟"，这对理解成本的降低来说是极大的挑战。越是文化内涵丰富的语言，越是如此，甚至意思完全相反。比如汉字"觉"，就是一个多音字，"jué"和"jiào"，你会发现，从语义上来讲，前者是清醒的状态，后者是不清醒的状态，而清醒和不清醒就在一念之间，靠"悟"。我们佩服老祖宗的智慧，同时在日常沟通中得避免这种歧义，这个时候，有一种解救方式：人们对可视化的图片的理解，远远胜于对文字的理解。

我们和自传播专家、曾任百度品牌总监的朱百宁沟通时，发现他的解读很有意思，他认为对于朋友圈的文字、图片、视频、链接四种信息类型，图片是最佳的信息形态，图片具备了展示尺寸大、视觉吸引力大、阅读效率高、生成／转发门槛低等全部优点，如表 4-1 所示。

表 4-1　朋友圈信息类型的特点总结

信息类型	展示尺寸	视觉吸引力	阅读效率	生成／转发门槛
文字	小	小	低	低
图片	大	大	高	低
视频	大	大	低	高
链接	小	小	低	低

那些能够穿越圈层传播的内容往往也是图片，比如"穿上军装"这个 H5 在朋友圈刷屏。根据出品方公布的数据，这个 H5 的 PV（页面浏览量）过 8 亿、用户过 1 亿，它之所以能有这么广泛的传播影响力，是因为它抓住了建军 90 周年的宏大主题、人们爱秀的心理、理解成本低、操作简单且易于

上手、图片合成效果好等综合因素。

　　看到这里，玩微信的朋友就会明白，为什么张小龙一直坚持将发朋友圈等同为发图片，将朋友圈叫作"相册"。而在朋友圈单独发纯文字，却找不到按键，只能用隐藏功能——靠长按相机图标来发布，还经常收到微信"这个功能可能会取消，请勿依赖"类似的提醒。

　　通过可视化来降低理解成本，用处很广，尤其适合信息量大、人心惶惶、紧急时刻等情况，比如战争。战争年代，毛泽东同志就指出，革命要靠"两杆子"——枪杆子和笔杆子，战争的胜利取决于"拳头"，战场的士气来自"喇叭"。很多人研究第二次世界大战史，试图还原当时的场景。国防大学教授徐焰著有一本名为《攻心为上：画说二战中的宣传战》的书。此书以独特的视角选择图片展示他的战史思考，通过可视化快速降低理解成本。这本书的切入点也很独特，把第二次世界大战的宣传海报汇集起来展现给读者。宣传海报是当年战争的缩影。告别了炮火硝烟几十载，久历和平的人们只能靠图像了解第二次世界大战的情景。在那场决定人类命运的史上规模最大的战争中，主要参战国为了激励自己的军民，都绘制了大量宣传海报，这些海报成为战时街头重要的风景线，也为后人留下了宝贵的、活生生的形象史料。"文以载道，诗以言志，乐乃心声，夫画兼而有之者鲜矣。"优秀的美术作品都凝聚着道理、志向、心声的几重元素，作为想教育和动员人的宣传海报更是如此。下面摘取该书几张海报，供大家参考，以更易理解宣传海报这种可视化方式对降低理解成本的作用。比如盟军的宣传海报，如图 4-4 所示。

吃人恶魔希特勒

在这张海报上，希特勒被描绘成食人的人面怪兽。已落入纳粹魔掌的罗马尼亚、波兰、比利时等国则被描绘成了可怕的骷髅

让魔鬼无处藏身

在这张苏联海报中，法西斯侵略者在创作者的笔下幻化成了一条口吐芯子的毒蛇，手握钢枪头戴钢盔的苏联军人，脚踩蛇尾，用刺刀穿透了毒蛇的咽喉

去死吧，法西斯毒蛇

图 4-4　盟军的宣传海报

4.3.7　具象化

谈到具象化，我们再看一下华为，它是如何把价值观这么抽象的东西具象化的。华为顾问田涛曾受邀到北京大学国家发展研究院做主题为"组织的进化逻辑"的分享。在分享中，**田涛认为价值观传递有三大要素：第一要简单，第二要一元，第三要开放。然后基于这三大要素，反复，反复，再反复地讲。**我们认为他讲到了本质，华为如何把价值观这么抽象的东西变成行动，非常值得大家学习。

开放，是比较容易理解的，封闭就会灭亡。

这里面涉及"熵"的概念。企业就是一个系统，只要系统一直扩展增大，熵就会一直增加，熵的增加会让系统活力降低，当熵越来越大时，系统就趋向于衰败和死亡。这时只有一种方法可以延缓衰败和死亡，那就是构建开放性系统，通过与外部进行能量交换，减少熵的增加。任正非认为，万物生长是熵减，战略预备队循环流动是熵减，干部增加实践知识是熵减，破格提拔干部也是熵减，在合理的年龄退休也是熵减。因此，华为干部和专家的流动轮岗已形成制度，只有循环流动起来，才能熵减。任正非认为华为公司的管理架构是一个耗散结构，就是在平衡与不平衡间耗散，避免"熵"的增加，防止"熵死"。唯有开放，才能不断激活组织的队伍，才能把价值观传递下去。

简单，就是不用"专家"解读。

田涛笑着举了一个例子，一名大学生情感受挫了，脑子里想着那个前女友恨啊、爱啊，结果到寺庙里和尚天天让他念"阿弥陀佛"，每天 16 小时，不到一个月这名大学生就把前女友给忘了。这就是简单的力量。所有复杂的东西，都无法入脑，更无法走心。

那什么叫"一元"呢？为什么要"一元"呢？

我们经常说要兼顾、要平衡，那是比较理性、给你考虑的时间比较充裕的场景。商场如战场，很多时候根本没有给你理性思考的时间，得立即做决断。这时，你脑子里蹦出来的第一个念头，就是那根救命稻草，只有"1"，没有"2"，没有"3"，它决定了后面的行动，这就是"一元"。所以，企业老板给员工灌输核心价值观，不要贪多，讲多了关键时刻根本记不住，少就是多，怎么少才算少？就是最重要的只有一条！对，只有一条！

那么华为核心价值观的"一元"体现在哪里呢？它只有一条：**以客户为中心**。既然以客户为中心，当然就不能以老板为中心，当然就不能以股东为中心，当然就不能以你的"屁股"（你所坐的位子）为中心，更不能以其他利益相关方为中心，这就是"一元"，非常之明确。

2015 年，任正非说起，有人问他："你们的商道是什么？"他说："我们没有商道，就是为客户服务。"公司唯有一条道路能生存下来，就是客户的价值最大化。

在企业生存的理由上，华为是全球企业中极少数把客户服务当成唯一理由的企业。2002 年，任正非说："充分理解、认真接受'为客户服务是公司存在的唯一理由'，要以此来确定各级机构和各流程的责任，从内到外，从头到尾，从上到下，都要以这一条标准来进行组织结构的整顿与建设。这是我们一切工作的出发点与归宿，这是华为的魂，客户是永远存在的，华为的魂就永远同在。我们只要能真正认识到这个真理，华为就可以长久生存下去，不随自然规律的变化而波动。"⊖

正是因为这"一元"，所以你才看到"眼睛盯着客户，屁股对着老板"、把"以客为尊"做到极致、十几万人对客户的敬畏有共同认知的华为。

一家企业的基石是什么？是价值观！

德国社会学家马克斯·韦伯，是现代一位最具生命力和影响力的思想家，深深地影响了任正非。2002 年华为的冬天，任正非还请哲学系教授在百草园给高管们讲授马克斯·韦伯的代表作《新教伦理与资本主义精神》。马克斯·韦伯有一句名言"任何事业背后，都有一种无形的精神力量"。

华为历经 30 年的发展，2013 年超越爱立信，2016 年超越思科，成为"世界 500 强"第 83 位，拥有来自全球 165 个国家和地区共 18 万名员工，其背后的核心要素是什么呢？价值观！

华为的成长之路，就像《西游记》里的师徒去西天取经，

⊖ 《管理工作要点》，2002 年。

当然，要实现所谓华为的西天之经，取到华为的真经，就得有所谓的追梦之道。这个"道"是什么呢？就是客户。**任正非在华为 30 多年，滔滔不绝地讲了无数次内部讲话，文字整理稿大概有 1000 多万字，30 多年的讲话，每一次的内部讲话都能够引起巨大的反响，在外部同样有巨大的反响。但是你会发现，你把它剥离开那些变化来变化去的表述，最后都离不开一个真经：客户是华为永远的上帝。就是这么的"一元"。这就是反复传播。**不断地讲，反复讲，天天讲，月月讲，年年讲。田涛在分享中谈到，针对这点，他问过任正非："你当年讲这些话的时候你信吗？"任正非说："我也不知道我信不信，估计不信吧，但是总有人信，不断地讲总有人信。"一个例子是，华为海思公司是华为负责芯片研发的机构，是华为研发最核心的组织，海思的总裁是一位女性，叫何庭波，20 岁出头加盟华为，她说："我当时很傻，老板成天给我们讲什么呢？讲'你们要对客户好。对客户好，华为就好；华为好，你们就好'。说了 20 多年，我们就听了，然后聪明人都走了，我们傻傻的，就留下了，一不小心我们造就了一个世界级的公司。"何庭波自己现在是世界级的科学家，在芯片领域，全球范围内，这位女科学家都是非常有影响力的。

当我们把价值观做到简单、一元、开放后，不管有多少人信，得反复传播，要反复、重复，变着花样地重复，这个"道"要深入所有的追随者。然后结果是什么？结果就是信念慢慢地渗透到每个人的血液中，渗透到组织的所有细胞中。我们做企业，商业模式、战略等很多东西都可以向别人学，但价值观没有办法跟别的公司一样，每个公司都有自己的价值观，它最大的特点是有一些自己底层的基本假设，完全是企业自己的东西，是比较稳定的东西，如果今年和去年的不一样，明年和今年的又不一样，那就不叫价值观。

4.3.8　设计

对于很多日常生活中常见的事物，由于我们已经养成了相应的习惯，用起来非常得心应手，但其对于第一次接触的人来说，恐怕就没那么友好了。最典型的例子就是电梯。电梯的面板上通常都有一个液晶显示的数字面板、一个指向上方的箭头和一个指向下方的箭头。对于经常使用电梯的人来说，他当然知道数字指的是电梯当前所在楼层，而如果你要上楼的话，那就别犹豫，按指向上方的箭头准没错。但对于第一次使用电梯的人来说，这样的控制面板其实并不能很好地展示正确的使用方法，所以我们偶尔也会听说某个人第一次用电梯，连怎么按都搞不清楚。实际上，这个问题靠良好的设计就能够解决。良好的面板、流程等功能设计，可以让用户很直观地明白"原来是这样"！

在类似于电梯这种工业设计中，有两个基本的设计原则——接近性（Proximity）和映射性（Mapping）。接近性指的是空间和对象越接近，人们就会越认为它们之间有关联。比如，卫生间的灯的开关一般都离卫生间比较近，如果它距离卧室比较近的话，很容易让人在第一次接触时产生误会。但是卫生间里面可能会同时有多个开关在同一个面板上：顶灯、化妆灯、浴霸——这样我们就要耗费精力来记忆各个开关分别对应哪个灯了，对于那些初次来家里做客的朋友，他们甚至还要挨个试上一试才知道。而映射性指的是设计能不能象征它所控制的对象。卫生间的标识要区分男女，就是为了服务于设计的映射性。而电梯对于初次使用者来说理解成本太高，也是因为映射的问题没有得到良好解决。

一个人站在紧闭的电梯前，他可以理解那个频繁变化的数字指的是电梯的当前楼层，但他本人可能并不清楚两个箭头所映射的到底是他自己还是电梯。实际上，因为这两个箭头距离频繁变动的数字很近，他更有可能认为箭头指示的是"电梯接下来需要移动的方向"。这样一来，倘若人在 8 层，他想去 16 层，电梯在 11 层，用户为了"让电梯下来接我"，可能会直接按向下的箭头。

关于接近性和映射性，一个不错的组合例子就是数学上的大于号（>）和小于号（<）。这两个符号可以很直观地表达按顺序呈现的两个数字到底谁大谁小，而不至于引起误会。好的设计应该良好地利用人的本能，高效地完成信息传递，同时引导用户做出设计者所期待的行为。

有些写字楼的厕所，会在卫生纸架上安装一个托板，方便大家放手机之类的小物件。但这个设计有一个隐患：人们上厕所的时候把手头上的东西放在架子上，离开厕所的时候，很容易忘记这些东西。丢东西的概率大大提高，以至于写字楼的物业还要打印一张"请带好随身物品"的海报贴在隔间的门上。其实，好的设计完全可以嵌入用户行动的流程，随时告诉他们该干什么，如果手机托板就放在人们推门而出要触碰的把手旁边，那么这个问题就可以得到妥善解决。

阿姆斯特丹的男厕所很有意思，这里的小便池内壁通常都画有一只苍蝇，甚至有的小便池里面还会放一颗小小的足球与一个小小的球门，其本意就是顺应了男人们"瞄准发射"的习惯，这么一来，自然就不容易滴到外面。

有一个专门的学科，就在研究如何通过设计高效地传递信息，进而左右人的行为，这个学科叫作"行为设计学"，而来自斯坦福大学的福格（B. J. Fogg）则是行业里公认的巨擘。

关于怎么设计，才能让别人听你的，弗格说了三点：第一，这个人必须自己有做这件事的意愿；第二，这个人必须有做这件事的能力；第三，你作为设计者要提醒他这么做。

只有满足了前两点，第三点才有意义，否则用户不是拿你的信息当骚扰信息，就是对你的提议没信心，而设计的巨大功用主要在于第二点——让信息更加贴合人性，进一步简化流程，提升用户体验，甚至培养用户的习惯，让他"上瘾"！比如，美国总统大选的投票率其实很低，不少人就算有着明确的政治立场，也懒得专门花时间、花精力出门投票。这时候，一个政客与其四处演讲拉票做广告，不如在选举日这一天直接租上够量的大巴车，把选民接到投票站来得直接。

　　银行也总是爱花很大精力来说服别人来自己这儿开账户，但是开户的申报系统、表格的填写实在太烦琐了，就算有意愿开户的用户也可能被烦到放弃。这种时候，与其花钱、花时间来招揽用户，倒不如做一些简化流程的工作，完善消费场景的设计，让用户能少点几下、少写几笔，更容易开户成功。

　　好的设计比苦口婆心的劝说有更好的效果。不仅仅在工业产品、操作流程方面，甚至在教育行业，好的设计也能起到好的作用。美国有些地区的公立学校的家校关系很差，学生不怎么热爱学习，学生家长也不怎么关注孩子的教育问题。华盛顿的一所公立小学开家长会的时候，家长出席率只有12%，全班就来了两三位家长。家长和教师陷入了相互指责的恶性循环，教师觉得家长"家长会都不来，完全不重视教育"，家长觉得教师"你根本就不重视我家孩子，就知道开家长会转移压力"，慢慢地，两边的信任感消失殆尽。学校裁撤教师，招聘新教师，做管理改革，然而效果还是不好。最终，学校要求教师在暑假期间挨家挨户拜访学生家长，同时设计了四个专门的问题，作为家访提纲：

　　问题一：您的孩子在学校里面的体验如何？您对此的感受是什么？

　　问题二：您对孩子有什么期待吗？他有什么梦想？

　　问题三：您希望自己的孩子成为一个什么样的人？

问题四：我作为孩子的老师，您希望我做什么？

这四个看似平淡无奇的问题其实是经过精心设计的，第一个问题是"理解对方的真正感受"，第二个、第三个问题是"接受与认可对方"，第四个问题是"施以帮助和关心"。这四个问题帮助家访避免吵架的可能——如果没有这样的问题设计，教师上门肯定少不了一通埋怨："您家孩子学习很差，这样下去不行啊，您要上点心啊，要不然未来孩子没学上，前途堪忧呀。"恰恰是这样的问题设计，会让教师更加了解到学生的家庭"到底是什么样的"以及"到底想要什么"，而不是带着先入为主的观念一上来就进行侵入式的说教。

暑假过后，这个学校家长会的出席率提升到了 73%，家长和学校的关系得到了相当程度的改善，其他的教学改革才有了基础，教学质量也提高了。

弗格在讨论引导用户行为的时候，提到了一个非常重要的技巧，要"让用户在第一次接触产品的时候就留下一个好印象"。很多人认为这指的是"第一印象管理"——有礼貌，穿得好看点什么的，但实际上，第一次接触可包含着更多的东西，我们会在"杂糅感"这一节中进一步探讨。

4.3.9　大图景思维

降低理解成本是双向的，一方面我们要降低别人理解我们的成本，另一方面是我们要学会降低理解别人的成本，尤其是那些线索复杂、信息量大、概念比较抽象的内容。

让我们先从读书聊起。"大牛"们往往很热衷于读书。先看看"大牛"们推荐的书单节选：

张小龙：《失控》《科技想要什么》《乔布斯传》《女人的起源》《黑客》《异类》《信息简史》《数字乌托邦》。

李开复：《创业的国度》《失控》《创业维艰》《从 0 到 1》《与神对话》。

朱清时：《大设计》、《平行宇宙》、《人类简史》、《无中生有的宇宙》、《世界真的存在吗》、*A New Kind of Science*、《超级智能》、《人的意识》、《轴心时代》、《制脑权》。

刘慈欣：凡尔纳的科幻小说，包括《海底两万里》《从地球到月球》《机器岛》等；威尔斯的科幻小说，包括《时间机器》《世界之战》《隐形人》等；《天堂的喷泉》、《火星编年史》、《2001：太空奥德赛》、《与拉玛相会》、《基地》系列、《沙丘》系列、《机器人》系列（阿西莫夫）、《深渊上的火》、《天渊》、《安德的游戏》、《黑暗的左手》、《日本沉没》、《三体》、《红火星》、《蓝火星》、《绿火星》、《城堡里的男人》、《末日之书》、《异乡异客》、《万有引力之虹》、《红色海洋》。

"大牛"们都爱读书，都喜欢从书中汲取智慧、寻找灵感，那么反过来，是不是读很多书就能向"大牛"靠近，甚至成为"大牛"呢？比如，有人一年就能读近百本书。

答案：不一定。如果这个逻辑能成立，那全国有多少出版社的编辑，就应该涌现出多少"大牛"来，因为他们是专职做阅读的，要不厌其烦地读很多很多的书，读的书肯定要比常人多。但这种现象没有发生！出版社的编辑中也有"大牛"，不过比例并没有明显比普通人群高。所以，书读得多不一定意味着你能力会同比增长。道理很简单，书读得多是一回事，你能不能消化又是另一回事。就如很能吃的人未必营养好，身体消化吸收能力不行，吃再多也没用。这里面的关键点，取决于你有没有很强的独立思考力，以高效吸收书的营养，把书中的知识有效纳入你的思维体系。

决定你能力的不是知识本身，而是你的思维能否娴熟地应用知识，不能纳入思维体系影响你行动的知识就是死的知识。书有自己的局限性。书存在先天不足。这一点很容易被人忽略掉。书有什么先天不足呢？书的物理形式决定它是线性的表述，而人的思维结构则是网状的、立体的。这中间就存在着巨大的鸿沟。要想通过读书提高能力，把书上的知识转变为能影响行为的动力，就需要跨越这条鸿沟。

对于绝大多数书来说，书的主体部分无疑是文字，如果书不是因为排版的限制需要转行，把一本书的文字拉开就是一条长长的线。这是书的物理载体决定的，是书的宿命。

读书的时候，你就是让这条线性的文字在你的脑海里流淌过。如果稍不留神，它就真的是流淌过了，就像一辆车从你面前飞驰而过，跟你再没什么关系！为什么线性的文字这么容易就能从你脑海里飞驰而过？道理很简单，因为人的思维是立体化的、网络化的、结构化的。想要把文字承载的知识转化为你思维的一部分，就需要把它结构化。

　　这里就先讲一个跟这个主题相关的故事。

　　早些时候，我（本小节的我为作者之一唐文）想找外国人练英语。外国人集中在哪里呢？集中在领英（LinkedIn）上，那就上那里去找外国人聊吧。后来去聊觉得不对劲，没话找话，人家根本就不理我。怎么办？我很快发现，领英上有很多兴趣小组，去找和自己有相同兴趣的人聊吧，于是我就加入了《哈佛商业评论》的官方社区。这里云集了来自世界各地的各种思维奇才。他们关心商业，思维非常活跃，建立了很多讨论组，围绕焦点问题展开激烈的讨论（这点倒是和知乎很有共鸣）。

　　开始的时候，我加入别人提出问题的讨论，之后我也提出自己的问题，发表自己的见解。一下子，和外国人的交流很快活跃起来，其中有一个问题一时引爆了整个社区，在半年之内，全世界有数百个公司的中高层参与了这个问题的讨论，非常热烈。那时我每个季度会登录一次，然后把前面的问题总结一下，选出我认为好的，做个排序，还给出我认为好的理由。非常有意思的是，每次做完这个总结，我就会收到来自世界各地的询问，他们问我为什么他们的回答不能上我的榜。这个问题一时火透了《哈佛商业评论》的官方社区，因此社区授予了我一项荣誉：Top Contributor（顶级贡献者）。

　　这是什么问题，能引发如此多人的兴趣？这个问题是：如何在短时间内学习大量的知识？但要注意，仅仅提出这个问题是不能引发很多人参与讨论的，你必须抛砖引玉。

　　我提出的解决方案是：在一个知识爆炸的时代，快速学习很有必要。我的方法是，如果准备迅速了解一个陌生领域，比如金融，我会先看一本权威的百科全书的相关词条，比如《大不列颠百科全书》的"金融"词条（很多词条都是由该领域权威专家，乃至诺贝尔经济学奖获得者撰写的）。这个词条里浓缩了几千字这个领域的精华，你会容易看出"金融"这个领域主要的概念：要害问题、玩家……最重要的是，权威专家会为你呈现一个清晰的大架构，让你能看出这些概念、要害问题、玩家、命题等彼此之间的联系。于是，你的脑海里关于"金融"的一个大的架构就建立起来了，再看到具体的金融知识时，你就能很快知道它在这个架构里的哪一个位置，从而能快速吸收新的知识和智慧。这就如盖房子，一旦主要的架构确定，再有新的细节时，你就可以非常容易地快速定位这个细节在整个架构中的哪一个位置，应该怎样合理地纳入主架构。如果你想更加深入了解其中的一个子领域，比如"信用"，你又可以去看"信用"这个词条。这样，就可以很快梳理出一个子架构，并厘清子架构在母架构中的位置（信用在金融中的位置）。

以此类推，你就可以架构起整个金融领域的"大图景"，架构只要清楚（就如学习素描先清楚人的骨架、结构比例），再遇到什么新细节、新知识，你就可以迅速地搞清楚这个细节或者知识应该在"大图景"中的什么位置，以及它与其他细节或知识是什么关系。应用大图景思维能快速吸收新的知识，其要诀就在于结构化、全景化。

那么，关键问题就来了：怎么拥有大图景思维呢？这里提供两个简单的方法：时间轴（Timeline）和截面全景（Landscape）的方法。

纵向大图景：时间轴

我不知道大家是怎么来了解苹果公司的。关于苹果的书籍，简直汗牛充栋，光是一本艾萨克森写的《乔布斯传》就有五六百页，厚厚的，坚持读完是一个挑战，读完之后吸收又是一个挑战。我对乔布斯和苹果的学习，方法很简单，首先找一个关于苹果的时间轴，其中最经典的莫过于路透社做的这张，如图 4-5 所示。

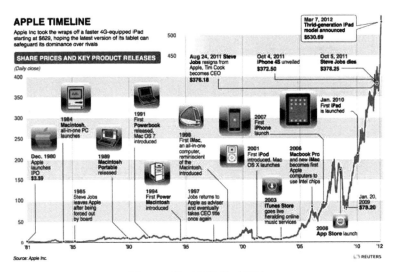

图 4-5　关于苹果的时间轴

资料来源：路透社。

这张图以时间轴的方式，追溯了苹果历史上推出的拳头产品。此外，它引入了股价这个维度，让你清晰地看到各种产品和股价之间可能存在的相关性。从这张图上，你可以解读出极其丰富的信息。比如乔布斯 1997 年重新回到苹果之后，短期内他无法马上改变苹果的技术，于是采用"新瓶装旧酒"的方式，把 Mac 重新做了包装推向市场，短期内刺激了市场（还有些新酒的地方是 All-in-One，这个很重要但不在本书论述的范围）。

真正拯救苹果的是 iPod，但是把股价推向巅峰的是互联网在苹果产品上的渗入，iPod 在 iTunes Store（这个才是互联网的东西）的助力下犹如燃烧的干柴遇到劲风，之后一发不可收拾。All-in-One 和互联网生态建设让苹果从一个本来濒临倒闭的企业焕发生机，一举成为全球商圈耀眼的明星。

看过这些大图景，我们从里面解读出很多关键信息，勾画出苹果发展的重要大节点，明确了与苹果发展和乔布斯本人相关的重大问题（就如画人像时先用铅笔轻轻地在画纸上点几个点确定人像轮廓的重要边界），你再回过头去读诸如《乔布斯传》等资料，就能很快知道脉络和重点在哪里，快速吸收其中的内容了。

横向大图景：截面全景

时间轴是按时间的发展来描绘大图景的，这就需要和截面全景配合起来，即一个时段的大截面，这样能看清一个领域的重要组成部分。两者结合起来用，就可以清晰地看出各个组成部分的变化。比如 Kantar Media CIC 每年都会发布社会化媒体的截面全景图（见图 4-6），通过这张图，你就很容易看清楚目前市场上成百上千家社会化媒体的归类。如果你连续对比多年的截面全景图，就很容易看清楚哪些领域越来越成为主流，哪些玩家成长得越来越迅猛，哪些领域和玩家又逐渐衰退甚至销声匿迹。

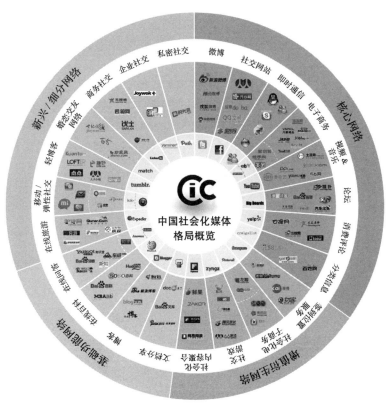

图 4-6　CIC 发布的社会化媒体的截面全景图

通过时间轴和截面全景的大图景分析，你就能在进入一个新领域时树立起整个领域的大架构，这样以后再遇到新的细节问题，或者想通过阅读吸收新的知识时，就可以很快速地找出这些细节和知识在大框架中的定位，然后找出它们和其他细节或者知识的关系，纳入自己的思想体系，变成真正能改变自己行为的能力。这时，你就具备越来越强的独立思考能力！既能快速学习，又不会因为所见太多而迷失了自己。

信息量大、抽象概念多、逻辑比较复杂的内容比较难以被场景化，这时结构化的方式就更能帮助降低理解成本。除了前面我们谈到的时间轴和截面全景外，平时我们更常用的是思维导图（Mindmap）这个工具。思维导图的核心在于通过结构化、可视化的方式，把复杂知识体系的结构直观地呈现出来，这可以参考东尼·博赞（Tony Buzan）的思维导图系列丛书。

4.4　人

4.4.1　贩卖人设

2017 年 5 月，在意大利西西里岛举行的 G7 峰会上，法国总统埃马纽埃尔·马克龙和加拿大总理贾斯廷·特鲁多的一张合影引爆了西方的社交网络。合影中，这两位年轻的领袖站在阳台上聊天，他们的身后则是碧蓝的地中海。一张合影里有山、有水、有风光，还有两位身为国家领导人的高颜值男性，网友们疯狂传播这张照片，并高呼"太养眼了!"，而"帅"这个特征，是这两位国家领导人特别重要的人设标签。人设一开始是指传媒产品中给角色赋予的一种带有戏剧感的人物设定，它给角色划下了一定的行动范围与行为轨迹，在人设确定以后，角色就要"照着剧本来"。

当我们需要借助"人"的形象来传递信息时，人设也就成为一种非常重要的参考。比如马克龙和特鲁多在与大众互动的过程中，需要彰显的一个重要的人设特点就是"年轻帅气"。

不过，人设可以有多个标签。

马克龙 16 岁的时候，爱上了自己同学的妈妈，也是自己的高中老师布丽吉特，他的这位倾慕对象比他要大 24 岁。马克龙坚定地追求布丽吉特多年，甚至在去巴黎求学前还对她说过："我会回来娶你的。"经过长年的爱情长跑，两个人最终结婚了。《时代》在其对马克龙的专访《下一位欧洲领袖》中，问到了马克龙个人的情史对他的工作有没有影响。马克龙说："我不隐藏自己的私事，是想用坦诚的方式来面对选民。"而这次非比寻常的感情经历，不但没有成为他竞选的污点，反而成为他人设中非常重要的一个部分：敢于追求真爱，同时矢志不渝，就算爱情遭到质疑也能勇敢坚持。这种人设，在热爱浪漫的法国人眼中，简直可以把马克龙塑造成一个童话故事中的王子形象，对于选民而言，杀伤力实在太大了。

　　马克龙选择"真诚"作为自己的人设元素之一，是非常明智的。因为人设招不招人喜欢，其实有相当的规律可循。1968 年，社会心理学家诺曼·安德森进行了一次调查。他在西雅图向美国的普通群众投放了一份以 555 个具体的个人特质为内容的问卷，要求人们来对这些特质评分。评分越高，则说明他们越喜欢拥有这种特质的人；评分越低，则说明他们越讨厌这些特质的拥有者。最终，调查结果中排进前十名的特质如下：①真诚；②诚实；③理解；④忠诚；⑤老实；⑥可信赖；⑦聪慧；⑧独立；⑨开明；⑩体贴。这些特质都对一个人能否展现出"受人欢迎"的人设有着直接影响。不过，总统竞选时需要设计他自己的人设，但在其他的一些场景中，会涉及更多的人，"人设组合"也就成了进一步要考虑的事情。

　　最近几年，以《奔跑吧》为首的一系列真人秀抢占了相当的收视率，在线播放量也非常高。节目流行的背后，其实也有着非常复杂的人设规划。参与节目的嘉宾有的被设置为"领导者"的角色，有的被设置为"大力士"的角色，有的被设置为"需要保护的公主"的角色，甚至还有人只要负责"扮丑"就可以了。有了多样化的人设，才能保障产品呈现过程中情节与矛盾的生态化。

　　在真人秀的节目里，只有人设对于人物行为具有指导和制约，才更有可能营造出观众喜欢的看点，节目才能更好看，也就更能够帮助各位参与的明星招徕粉丝，以及帮助节目的相关利益方获利。但需要注意的是，人设一旦建立，就需要去保持，如果一不留神导致"人设崩塌"，就很有可能引发难以应对的危机。比如，有的老板喜欢在员工面前营造"无所不能"的人设，但实际上没有谁是万能的，所以在维持自己人设的过程中，这位老板很有可能陷入恶性循环——越来越需要消耗巨大的资源和精力来维持人设。可老板自身也一定会遭遇瓶颈，所以就算再苦心经营，不够现实的"人设"也一定会崩塌。实际上，一个好的人设，未必是完美的人设，但应当是一个能产生恰当影响力的人设。

4.4.2　品牌人物化

在万事万物中，我们对什么更有兴趣？印象更加深刻？

答案是人。

我们这一生的轨迹，都是围绕人展开的。我们可以容忍没有电视、没有手机、没有互联网、没有山珍海味的生活，但我们无法容忍没有亲人、没有爱人、没有朋友、没有同事的孤独。

人对人本身更有兴趣。从进化心理学的角度来看，这也非常容易理解。人类至今有 500 万年的历史，在这漫长的 500 万年当中，我们都是与人为伴的。智人之所以能在诸多古人种中胜出，核心原因之一在于他们懂得结群，懂得和其他人紧紧团结在一起。

相对而言，人们对于企业的品牌、产品等的敏感度就没有那么高。从进化的角度来看，这些商业要素出现的历史仅仅只有几百年，压根儿无法与人类数百万年的历史相提并论。因此，与其花费很高的成本试图让人们对企业的品牌和产品本身感兴趣并牢牢记住，倒不如巧妙地打打人物化这张牌。

早一些的时候，不少企业就懂得应用形象代言人。愿意付出更多资金的企业会邀请明星来给自己的品牌或者产品做代言，即便资金不足的企业，它们也不忘在宣传单页上印上几个美女、帅哥来吸引眼球。现在不少企业的高层索性自己上阵，把自己打造为明星或者网红。推广企业的品牌或者产品，企业往往要付出很高的营销成本。但企业高层是有具体的形象、有故事的，尤其那些励志得催人泪下或者激发狗仔队强烈兴趣的企业家的故事，更是被媒体主动追踪、大篇幅地报道。

这个方法在今天的互联网企业里面尤其普遍，我们很容易就能数出马化腾、李彦宏、丁磊等一批企业家来，甚至是刚刚创立不久的互联网企业，关于他们有个性的 CEO 的故事也会很快流行起来，这对提高企业的知名度和影响力立竿见影。

我们对那些有具体视觉形象、能触动我们心灵深处故事的人物更感兴趣。有些不幸的是，企业并没有具体的视觉形象，企业的物理表现，比如办公楼甚至企业标志也难以传递企业的灵魂，更不用说激发人们的情感了。这个时候就需要发挥一些想象力，赋予企业人物般的灵魂和有温度的故事。

著名的巧克力品牌 Kit Kat 和饼干奥利奥就曾经在 Twitter 上发起了一场别开生面的挑战赛。

Kit Kat 率先发起挑战，向奥利奥挑战下九宫格棋。当然，它很聪明地抢占先机，占住了九宫格棋的核心一格。稍微了解九宫格棋的人都知道，只要先落子的一方能占住核心一格，那它就一定会胜利。也就是说，即便奥利奥勇敢迎战，也注定失败。奥利奥当然还是勇敢地迎战了，这场看似没有悬念的比赛竟然迎来了很多人的围观，大家都伸长脖子猜测奥利奥究竟怎么来收拾残局。就在落最后一子时，奥利奥摇身一变，张大嘴一口咬碎了 Kit Kat，"味道真不错"。棋局竟然有这样一个戏剧化的结尾，人们不禁为奥利奥的机智鼓掌。

在这场 Twitter 的互动中，Kit Kat 和奥利奥不再只是两个冷冰冰的品牌符号，它们就犹如有灵魂的两个人，相互挑战，较量智慧，又透着机灵和幽默，一下子给围观的人留下深刻的印象，使其拍手叫好。这比只是呆板地展现冷冰冰的品牌形象的效果要好得太多。

前面我讲过，从传播效果来看，人物 > 产品。因此，对于复杂的产品场景，这种"拟人化"的方法更是有效传播信息的一个捷径。有一次，我看到一篇微信文章《一颗药的自白》，就是用这种方式来秒懂表达的。因为药物研发是一个漫长的过程，需要投入大量人力、财力、物力，而且药物研发失败率很高。通常上万个潜在药物的化合物，只有一两个能够最终走上市场，而没有成功上市的药物，之前所有的投入都会付诸东流，很残酷。但我们大部分人其实对这个并不了解，尤其是对一些药物研发的期待过高过急。这篇文章以药物的第一人称来自述：它是如何历经千辛万苦才走到大药房的，让人更加容易理解药物真的来之不易。

在企业管理的场景中，如果理解了这个沟通规律，沟通效果则会非常好。华为创始人任正非是应用"寓理于人"的高手，他非常善于把一种精神具象于某个人物身上。我以丹柯、李小文、乔伊娜为例分享华为的实践。

丹柯

2010 年，为了表达对行业领路人的感谢，任正非第一次在华为讲话中介绍"丹柯"这个人物。他说："现在我们已经走在通信业的前沿，要决定下一步该怎么走，其实是很难的。正如一个人在茫茫的草原上，也没有北斗七星的指引，如何走出去。这二十年，我们占了很大的便宜，有人领路，阿尔卡特、爱立信、诺基亚、思科等都是我们的领路人。现在没有领路人了，就得靠我们自己来领路。领路是什么概念？就是'丹柯'。丹柯是一个神话人物，他把自己的心掏出来，用火点燃，为后人照亮前进的路。我们也要像丹柯一样，引领通信领域前进的路。这是一个探索的过程，在过程中，因为对未来不清晰，可能会付出极大的代价。但我们肯定可以找到方向，找到照亮这个世界的路，这条路就是'以客户为中心'，而不是'以技术为中心'。"

　　《丹柯》是苏联无产阶级著名作家高尔基的一篇短篇小说。

　　《丹柯》的故事概要：一群生活在草原上的人被别的种族赶到了森林里。在森林中，死亡笼罩着他们，只有走出森林，才有一线生机。这时候，英雄丹柯出现了，他提出由自己领导大家逃出森林。道路很艰难，雷声隆隆作响，茂密的森林就像有人指挥一样，阻挡着族人前进的道路。不知走了多久，大家精疲力竭。有人开始埋怨起来，还有人对丹柯严厉指责。为了让族人停止毫无作用的抱怨和尽快带领他们走出密林，在黑暗中，丹柯毅然地用手扒开自己的胸膛，掏出了自己的心点燃，高高举过头顶，照亮了前进的路，人们全都惊呆了，于是义无反顾地跟着他。丹柯一直把族人带出森林，来到阳光灿烂、空气清新的大草原上之后才含笑死去，不过，他那燃烧的心并没有熄灭，迸散出蓝色的小火星，每当雷雨将至之时，它们就在黑暗中闪闪发光。

　　高尔基创作《丹柯》是在 1895 年，当时俄国正处于大革命的准备时期，在黎明前夕的黑暗中，正需要一种精神的鼓舞和道路的指引，所以高尔基创作了"丹柯"这一光辉的勇士形象，颂扬了在革命的黑暗中敢于为理想英勇献身却不计较个人得失的悲剧性英雄形象，鼓励人们敢于去追求胜利，追求光明；同时批判了那些懦弱、忘恩负义的人。

　　任正非被丹柯所感动，他把那些在通信行业的领路人比喻成丹柯。

李小文

2014 年，华为心声社区发文《李小文：科学就是追求简单》，号召向李小文学习："华为坚持什么精神？就是真心向李小文学习，在大数据时代，要拥有敢于像当年挖掘巴拿马运河、苏伊士运河那样的大视野、大战略、大决心，寻找大数据时代的'巴拿马''苏伊士'。"

李小文，著名遥感学家、地理学家，Li-Strahler 几何光学学派的创始人，中国科学院院士。2014 年《人民日报》整版刊登了他的事迹和他胡子拉碴、不修边幅、穿着一双布鞋在中国科学院大学做报告的照片，迅速成为网络热议的话题。李小文院士虽然对物质的态度随性，但治学十分严谨，他和他的科研团队的一系列研究成果有力地推动了定量遥感研究的大力发展，并使我国在多角度遥感领域保持着国际领先地位。他有 38 篇研究论文被国际公认最权威的科技文献检索工具 SCI 引用 557 次，硕士论文被美国权威著作收入，他于 1985 年发表的论文被 SCI 引用 113 次，这么高的引用数据，只有教科书式的研究成果才有。

李小文的专攻一门、锲而不舍的精神，与华为聚焦主航道的做法是完全一致的；他实事求是的科学态度和敢为人先的思想，是华为人、超越他人正需要的；他追求的简单的做事原则与方法，也是所有科学工作者应该追求的，既是华为文化的导向，也是做人做事的原则。

任正非看到相关报道后，就派人去北京找李小文院士。李小文院士当时身体不是很好。华为工作人员向李小文院士说明来意：华为敬佩他艰苦奋斗、坚持不懈、快乐奉献的精神，任正非认为华为的精神与他的精神是一脉相承的，华为想邀请他做华为的形象代言人，并支付肖像权费、代言费。李小文院士接受了邀请，但拒绝了肖像权费和代言费，并表示希望中国能多几个华为这样的公司。

2014 年 6 月 5 日开始，华为在多家全国性权威媒体上，推出大幅平面系列企业形象广告。

2015 年 1 月 10 日，李小文院士去世，一代遥感泰斗陨落，享年 68 岁。在去世之前，李小文立下遗嘱：不使用急救措施强行延续生命，不浪费国家的资源，不拖累别人，不让自己受太多苦。他用一生的言行维护了知识分子的风骨和生活哲学——在成功面前始终保持着宠辱不惊、去留无意的胸怀和心境，保持着平平淡淡却真实的自己，如无必要，勿增实体。这是中国知识分子难得的节操和品德。

乔伊纳

有感于华为内部有些干部对人才的考核面面俱到，任正非谈到乔伊纳，他说："我们也要改变公司对人要完美的要求和评价，这抑制了很多干部的成长和发展。我们现在看，什么是英雄？英雄在那一段时间做出了贡献，就是英雄。不要求在孩童时代就有远大理想，也不要在以后背负着这个荣誉包袱，而要求任何时候都不能玷污了我们这个队伍……大多数人认为英雄是要完美的，但我们高层领导认为，英雄是没有完美的。

乔伊纳是美国当代最优秀的女子短跑运动员，但她的独特个性让她成为一位很具争议的人。1988 年，她在第 24 届汉城奥运会上，只用了 10.49 秒就跑完了 100 米。这个成绩至今无人企及。

在一次比赛中，乔伊纳微笑着冲过终点。有人问她为什么可以这么从容，乔伊纳说："对于短跑选手来说，跑完赛场上的 100 米总共只有 10 秒钟左右的时间。所以我们会把每一秒钟都划分成 100 个等份来计算，很多人为了提高这百分之一秒的成绩而甘愿付出巨大的努力。要知道，每 0.01 秒都是很重要的。"

2016 年，华为向业界公布"短跑冠军乔伊娜（纳）"的品牌广告，旁边配有一句话"0.01 秒是一生心血的厚积薄发"。任正非敢于用一个极具争议的人物来当公司品牌形象代言人，就是破除完美主义的最好体现。

综上所述，我以丹柯李小文乔伊纳为例分享华为的实践，如何应用"寓理于人"，如何把一种精神具象于某个人物身上，从而让沟通达到事半功倍的效果。

4.4.3　相关性

先从一个真实的故事讲起。

易宝公益圈曾经准备推出知识付费节目，用节目的销售收入来支持公益。最早推出的一个节目是关于一位热爱旅行的年轻人——景涛。景涛曾经是易宝的员工，2013 年，他在公司年会上惊喜地获得了一笔丰厚的旅游奖励。去哪里玩呢？他随手打开了电子地图，不经意地就把目光落到了老挝，于是马上收拾行囊，奔向了这个看起来非常规的旅游地。这是一次随心所欲的旅行，没有特别的规划，没有特别的目的，没有特别的人相伴，就是想走就走。从此，他便一发不可收拾，每年把年假攒起来，只要时间允许，就会背起行囊，游走四方，迄今为止已经去了以色列、埃及、伊朗等十多个国家。

现在我们想把他的经历做成音频节目分享给大家，但这个节目究竟该如何定位？自然，我们一开始想到的方向是诸如年轻人追寻自由游天下或者是工作烦闷就出去看世界之类的主题。但老实说，这类主题已经泛滥。如果把他定位为旅游达人呢？比较一下也没有什么显著的特点，因为现在的旅游达人太多了，去过上百个国家的人比比皆是。除非他在旅途中有着与众不同的经历，比如看到了尼斯湖水怪或者邂逅了外星人之类的，否则也很难激发听众的特别兴趣。

策划陷入僵局。想让听众有共鸣，那这个节目就不能只是自娱自乐，而要让听众愿意去理解、去倾听，有一个要素很关键——这个节目必须与听众有相关性。只要听众感到这事儿与他有关，他就愿意去关心，相关性越强，这种意愿就越强。

　　一旦明白相关性这个要害，我们迅速就抓到了这个节目定位的关键。是的，很多白领都渴望周游世界，这是一个在很多人内心中掩藏的或深或浅的梦想。不过，大多数人耽于梦想是因为纠结于两个问题：没钱或没时间。而景涛旅游的最大特点是：他没有比别人有额外的时间，每次都是用自己的年假；他也没有比别人有更多的钱，每次行程也就是 1 万多元的花销；所以，相关性立刻就出来了，我们把这个节目定位为：休个年假，1 万元就能游世界。让景涛去分享：他是如何在年假相对有限的时间，用不多的钱去周游世界的。每个白领都有年假，1 万元对大多数白领也不是什么问题。这个定位就很准确地提炼出景涛旅游行程的精华，更容易引发听众的共鸣。

　　相关性具有无比强大的魔力。有时我们的故事也很感人，只是感动的只有自己，这时受众去理解这些故事的意愿非常低，因为这和他们没有太大关系。但如果故事真正和受众相关，情况马上就会变得不同，相关性越强，共鸣度越高。

　　2011 年，一则"260 秒神奇穿越全国 11 个城市所有高校"的视频风靡全网。一个阳光大男孩在中国上百个高校的大门口跳起欢快的舞蹈，这是新旗互动的创始人肖剑发起的为"瓷娃娃罕见病关爱中心"募捐的公益活动。网友"疯狂的鸽子"说："视频的前段配上背景音乐，让人感觉轻松活泼、有喜感，让我回忆起去这些大学的情景，后段则让人感动。"这段视频获得了 2500 万次的播放量，中央电视台、东方卫视、浙江卫视、江苏卫视、深圳卫视、湖北卫视、《人民日报》、北京人民广播电台等媒体相继做了报道。这段视频能引发这么大共鸣效应的原因之一正是其相关性。正如上文的评论，太多的网友从视频里看到了自己的青春，看到了往昔的校园生活，更重要的是，自己的母校确确实实在视频里出现了，一下激发了共鸣。这就是相关性的魔力。

4.4.4　多变的酬赏

大脑中有个区域，叫作伏隔核，它主要与人的快乐感受、对于奖赏的评价、笑、侵犯等心理机制相关。伏隔核的活跃，会让人感到被奖赏后的兴奋与激动，这也是为什么它被心理学家认为是与"上瘾"这种特殊心理最相关的脑部区域。

根据对于一些赌徒的认知神经科学研究，发现这些赌徒在拿到自己赢得的财物时，伏隔核并没有什么明显的活跃，但他们在期待自己"究竟赢了没有"以及"到底赢了多少"时，伏隔核要活跃得多。事实的确如此，人们在还没有得到自己所渴求的东西时，大量的不确定性会让人们更加兴奋——不少人在网上买了东西后，等快递的时候很兴奋，可一旦拆了箱子，"得到"这个环节反而并没有让人感到特别高兴。

真正驱使行为让人上瘾的，其实是对奖赏的渴望。在这方面做出突出研究的，是哈佛大学的心理学家 B. F. 斯金纳。1938 年，斯金纳在哈佛大学发明了一个新鲜的实验装置：斯金纳箱。这个箱子是给大白鼠准备的，主要研究大白鼠对于不同的奖励会做出怎样不同的反应，进而培养怎样不同的习惯。大白鼠被关在这个封闭的箱子里，它们能操作的只有几个控制杆，有的控制杆一按就有一枚食物丸被投入箱子，有的控制杆按了却没有任何反应，甚至有的控制杆一按还会有两枚食物丸被投入作为奖赏。大白鼠一旦发现这些控制杆的功用，就能很快学会对其有所操作。

随着斯金纳箱的更新换代，它能够展现的功能也越来越多。逐渐地，斯金纳发现，大白鼠对那些固定提供一定数量的控制杆，很快就会失去摆弄的激情，如果不饿根本就懒得碰。如果控制杆能够提供随机奖励的话，有时候给一颗食物丸，有时候给两颗，有时候给更多，但有时候甚至什么都不给，大白鼠就会对这个游戏充满投入感，甚至达到上瘾的程度。这时，大白鼠已经完全不是为了果腹才推动控制杆了，而是已经成为一个期待随机奖赏的赌徒。都是控制杆控制奖励物，在实验室里给大白鼠用的叫作"斯金纳箱"，但在美国拉斯维加斯和中国澳门，专门给那些想试试手气的人设计的机器叫作"老虎机"。

这种心理现象有一个专门的名词，叫作"变换奖励原则"，不仅是老虎机，还有更多的应用场景，但目的只有一个：促进使用者对其上瘾，并为之消耗更多的资源。

现在的网络游戏在设计奖励的过程中就充分参考了这个原则。玩游戏的奖励已经在很多层面上被设计为随机化的了，不仅仅是打怪获取优质装备的概率，还有经验值、组队、坐骑系统、帮会系统、装备提升系统、排名系统等机制，给玩家投入游戏所获得奖励的"随机性"预留了大量空间。号称生命力最旺盛的网络游戏《魔兽世界》中就有一个从其早期版本延续至今的设定：游戏中设置了一些标签为"稀有"的怪物供玩家击杀，以获取非常特殊的奖励。但是与其他怪物不同，这些稀有怪物的刷新率极低，出现的位置也并不确定，致使它们与玩家的接触通常都是可遇不可求的。有的玩家会耗费大量的精力寻找或蹲守这些稀有怪物，而其掉落的战利品也往往能够成为刺激玩家的极好奖励——哪怕这些战利品对于玩家在游戏中的表现并没有什么实际的帮助。

　　除了新的创意之外，在用户与产品接触的场景里，新的技术也在为"变换奖励原则"提供帮助。就算是老虎机这样的经典赌场游戏机器，在技术上也在逐渐革新。数学家们帮拉斯维加斯的赌场制造了一款新的老虎机，进一步定制中奖概率，让玩家更长时间地维持在"既不能赚钱也不愿离开"的状态。新机器甚至还会适时告诉没中奖的玩家"虽然你这次没中，但你这次中奖的概率其实高达某个百分比"，以此营造玩家"差一点就中大奖"的心态，进而转化成"再接再厉"的行为。就算不是游戏玩家和赌徒，我们恐怕依然难以摆脱这个效应的影响。我们发了一条朋友圈后，总是难以自抑地频繁翻出手机看看——也许两个赞，也许一条新评论，也许没有赞，这同样算多变的酬赏。"多变的酬赏"会让我们持续与酬赏的提供方保持连接，有时，甚至酬赏本身是什么都没什么太大关系，但是"多变"这件事依然让我们感到揪心。

4.4.5　低门槛

美图秀秀和 Photoshop 都是用来修图的，谁的用户群体大？这个问题看似是个高深的商业问题，但绝大多数人不假思索就能给出正确答案，当然是美图秀秀。

等等，难道不是 Photoshop 吗？它的功能可强大得太多了。世界上有无数的精美广告，有无数漂亮的图片，都是用 Photoshop 处理出来的。假如你能熟练应用 Photoshop，你找到一份好工作的可能性就太多了。

相比之下，美图秀秀看起来真是有些小儿科，它只能实现一些简单的功能，比如让人的皮肤看起来更白皙，眼睛看起来更大或者腿看起来更修长。倘若你想用美图秀秀来更深度地处理图片，希望做出像《星球大战》史诗般的效果或者《疯狂动物城》的可爱风格，那简直就是痴心妄想。不过，大多数人，尤其女士，还是喜欢用美图秀秀。除非是专业的设计师，一般人不会轻易去使用 Photoshop。因为 Photoshop 确实功能强大，强大到让美图秀秀望尘莫及，但它使用起来太难了，光是为了弄懂 Photoshop 上一堆菜单按键的含义，你就不得不花费好几个星期甚至好几个月的时间去学习，而要熟练应用它们，又需要在专业人士的指导下长时间深入刻苦地学习。

相比之下，美图秀秀尽管功能简单，但非常容易上手，你根本不需要什么专业人士的指导，甚至不需要看什么说明书，只要会操作手机，短短几分钟之内你就能迅速熟练应用它来处理图片。谁会需要用美图秀秀做出有史诗意味的图片呢？人们关心的只是自己是不是看起来更漂亮，现在有一个操作简单的 App 能帮他们实现这个梦想，这就足够了。因此，美图秀秀赢得了绝对数量优势的用户。它功能不见得强大，只是牢牢且精准地瞄准了用户最关心的几个核心功能。最关键的是，它的使用门槛非常低，不需要任何专业知识，只要会操作手机，就会用美图秀秀。

降低用户的使用门槛可以大大降低用户对你产品和服务的理解成本，从而把用户数量推高几个数量级。

从互联网发展历史来审视也深刻地证明了这一点。互联网诞生于 1969 年，但直到 20 世纪 80 年代末，它也并没有赢得多少网民。因为当时上网操作实在太复杂了，如果你没有受过专业训练，脑子里记不住一堆指令，那么坐在计算机前就会束手无策。在那个时代，英国人蒂姆·伯纳斯 - 李在一台老式的 NeXT（乔布斯被驱出苹果后创业做的产品，后被苹果收购）上敲出了一个新玩意——万维网，一下子就把上网的门槛大幅度降低下来。

万维网是怎么降低网民的上网门槛的呢？从它出现开始，网民压根不再需要受什么专业训练，不需要记住什么指令，使用浏览器就可以直接打开互联网，直观地看到文字、图片、视频，听到声音。互联网一下子从高高在上变得唾手可得。

　　由于上网的门槛大幅度降低，网民的范围一下子从专业人员拓展到了普通老百姓，从那些受过高等教育的极客拓展到了小学生，实现了数量级猛增。从此互联网才迎来了一个兴盛的时代。我们今天熟悉的互联网公司，比如谷歌、Facebook、BAT 等，大多诞生在万维网诞生之后，因为只有足够数量的网民才能撑起烧钱的互联网公司的生意。

　　回顾历史，每一次降低用户使用门槛的发明创造都会把商业往前推进一大步，许多改进看似并不那么重要，其实往往是关键所在。很多人认为个人电脑的核心是 CPU（中央处理器），因为 CPU 直接决定了个人电脑的运算能力。相比之下，鼠标、键盘则算是外围设备，只是看似无足轻重的补充而已。这只是表面的想法，如果没有鼠标、键盘的发明，让普通人可以通过鼠标、键盘就能便利地操作电脑，从而大幅度降低个人电脑的使用门槛，那么个人电脑就还只是少数极客的专享，压根不会从真正意义上普及到个人，所以鼠标、键盘绝非简单的外围设备。

　　顺着这个思路，你就很容易理解为什么 Windows 会如此成功。不知道你是否使用过 DOS（磁盘操作系统），是否有过对着电脑黑白屏幕，一行一行地敲着乏味指令的痛苦回忆。Windows 的出现改写了这一切（当然，比它更早的鼻祖来自施乐），人们可以像在自己家的菜板上做菜一样，直观地在电脑桌面上操作电脑，这就大幅度降低了个人电脑的使用门槛，从而推动了个人电脑用户的指数级增长。

所以，我们要不停地去寻找降低使用门槛的做法。例如，我们要参加一次紧迫的英语考试，面对紧张的日程表和厚厚的词汇书，显然这个时候仅仅强调勤奋是不够的。我们每次都发誓要背下一本单词书，但最终的结果是：能背到 C 打头的单词就已经是奇迹了。这时需要放弃一口吃个胖子的不切实际的想法，而要找到降低门槛的窍门，聪明的做法是找到一张词频表，把考试范围内的单词按照词频进行排序，然后按照频次高低来记忆。这样做就大大降低了备考的负担，即便你在有限的时间里无法记住所有的词汇，也可以记住那些出现频次极高的词汇，从而使备考的效率更高，胜算更大。

2017 年，字节跳动旗下的"抖音"短视频在"95 后"人群中迅速流行。抖音的玩法很简单，平台提供已录制好的一小段音频（一般是比较幽默的对话），玩家只需要跟随音频配上动作即可，不需要配音了，用手机即可录制自己的抖音视频。这比之前其他短视频网站的流程——既要配音，还要配动作，参与门槛明显降低了很多。因此，在互联网上流行的产品，都是让人更"懒"的，背后逻辑是低参与门槛。

2018 年元旦前后，腾讯推出一个小游戏"跳一跳"，玩家只需要把按下的手指放开，跳棋就跳到旁边的长方体上，跳的距离由按下的时间长短来定，非常简单。这个游戏迅速刷爆全网，我们认为主要是因为其参与门槛非常低。有人在抖音上录制了一段短视频——一只猫都可以在手机屏幕上玩这个游戏，可见多么简单。

4.4.6　同屏和同频

降低理解成本不仅仅针对个人，更大的价值在于针对组织。在企业里工作，书面沟通是被频繁用到的，有时你会发现企业里很多书面文档的格式很"八股"，总是有固定格式，而且往往越大的企业越是如此。比如在宝洁，就有著名的一页纸要点文书（One Page Briefing Book），这是用于内部沟通的文档，在一页纸上要按固定样式把沟通要点列清楚。这种固定格式看起来有些僵化，那这样做的道理在哪里呢？要知道，宝洁是一个庞大的跨国企业，它在全球 80 多个国家和地区开展业务，产品销售到超过 160 个国家和地区。如此庞大的一个组织，就涉及非常复杂的内部沟通协作，这时就需要一种方式，让你无论来自哪个国家、做什么岗位，能够一看就懂，理解门槛很低。

一页纸要点文书起到的就是这个作用。如果安排给你一个任务，去机场接一个巴西来的高层，然后把他送到一个会场，他是第一次来中国，在此之前也不见得对这个活动了解多少，那在去会场的几十分钟里，你需要拿着这个要点文书，让他很清楚为什么要去参与这个活动，他将会在活动中遇到什么重要的人物，他要在这个活动里扮演什么角色等。一旦他听完走进会场后，他会很得体地和每个人打交道，表现得自然且到位，给大家都留下好印象。

所以，要让一页纸要点文书起到这么神奇的作用，奥妙就在于，在那短短的几十分钟内，巴西来的高层看到的肯定不能是一个完全陌生的文档。即便内容是全新的，但文书的架构样式也绝对不是。他其实早已经很熟悉这种文书的架构，并在脑海里形成一种思维框架，一旦来了新的材料，就可以迅速把材料填充到这个框架里，消化吸收，而不管这个材料是来自中国、美国还是其他地方。这就有些类似美术课上学习画人物，学员们需要首先对人的骨骼架构有一定的认知，清楚各个部位的比例和凹凸结构，把人体骨骼架构的特点烂熟于胸，再填充上血肉就不会太走样。这就叫作"同频"，当一个庞大的群体里涉及繁杂的沟通时，确定一个固定的频道，让人们都能在同一个频道，按照同样的架构进行沟通，无论沟通的内容怎么更新，人们早已经形成了成熟的表达和理解框架方式，沟通的效率就会大大提高。

　　这里我们还可以顺带聊聊项目管理里的"同屏"沟通问题。公司里常常成立项目组，项目组成员少则几个人、几十人，多则可以达到上百上千甚至上万人。这时项目内部的沟通就是一个很大的挑战。在公司里，最常见的沟通方式是写邮件，而很多人在写邮件时，常常会抄送给一大堆人，只要能想到和这件事情沾边的统统抄送。这样做的动机很明显，事情我告诉你了，你要没看邮件、没去做就是你的责任，所以邮件相当于一种"免责法宝"，直让写邮件的人恨不得把所有项目组的人都抄送进去。这样做的后果是什么呢？这样做的后果是我们的邮箱里每天都塞满了一大堆邮件，读也不是，不读也不是。我们压根没有这么多时间去读如此繁多的邮件，但如果不仔细读，又怕错过重要的信息，耽误工作。最让人生气的是，常常是你把那长长的邮件读完后，才发现这个事情跟自己关系不大。时间浪费了，但如果不读，你又难以判断这封邮件是否和自己无关。于是，很多项目每推进到一定程度，项目组成员要么被很多核心工作之外的事务，如读邮件浪费掉大量的时间，要么就是漏掉了邮件，漏掉关键信息，各个项目组成员对项目的理解出现了很大的错位，直接影响项目的进度。

组织的理解成本，会随着项目组成员数量的平方数成正比地增加。如何解决这个难题呢？有效的方法之一就是要有明确的项目（包括子项目）负责人，由负责人来汇总各方信息，每隔一段时间把信息收集、整理齐全，分门别类地传递给各个项目组成员。

实施方式可以是召集全体项目组骨干来开会，也可以是通过一封信息有条理、有轻重缓急的汇总，针对对象明确的邮件。这样的工作定期地进行，确保项目组的成员，尤其是项目骨干对于项目的理解在同一个"屏幕"上（On the same page），这种方法也被称为"对齐"，是项目管理中非常重要也非常有效的一种管理方式。当然，它的好处还在于可以把项目组成员最大限度地从海量的邮件或者会议中解救出来，因为影响到项目进度的关键信息将由项目负责人统一收集，有针对性地提示项目组成员，而不再需要每个成员被淹没在海量邮件中。

同频和同屏，都可以大大降低组织的理解成本。

4.4.7　杂糅感

苹果的第一代 iPhone 问世前，乔布斯其实面对过非常多的挑战。他颠覆性地决定在整个手机的前面板上只保留一个按键，对于当时的手机设计行业来说，这绝对是一种离经叛道之举。除了取消绝大多数按键之外，苹果所强调的极简设计理念也有多种其他表现：又长又直的线条、大面积的平面，以及非常强调触感的材料和质地。与同期很多其他手机相比，iPhone 是异类，但丝毫不落下风。包括 iPhone 在内的很多苹果产品都能给用户带来相当大的触动，而这种说不清道不明的感受就是"杂糅"的产物。

人为什么看到 iPhone 会产生强烈的科技感呢？究其原因是自然界很少会出现大面积的坚硬光滑平面，在长期的进化过程中，我们发现这样的平面往往都非常"贵重"，它们通常都是钻石或者水晶等稀有矿物。与此同时，我们也发现，随着人类生产力的提升，这样的平面往往也意味着极强的科技内涵——最早，我们打磨枪头；后来，我们制作铜镜；再后来，华美的瓷器与玻璃成为新的高水准制造业的代表。对于人来说，"光滑坚硬的大面积平面"非常容易刺激人们对于这一物品加以"高大上"的定义。而这一从感受直接过渡到心理的信息传递现象，就叫作杂糅感。

　　很多产品在命名时就已经充分考虑到了"杂糅感"的应用。比如，宝洁公司旗下知名的洗发露产品"海飞丝"的英文原名是"Head & Shoulders"（头与肩膀），但其中文译名却有着清爽有活力的感受。以至于在今天这个泛娱乐化的时代，产品甚至企业的名字也越来越开始兼顾"杂糅感"与"娱乐化"的结合。比如家纺企业"一朵棉花"会凸显出柔软与温暖的感觉；广告公司起名叫"我们再想想"也很能凸显行业特色；私厨 App"回家吃饭"也依靠口头语表达了自身业务，还兼顾了"回家"这件事的独特情愫。

　　作为产品和信息的提供者，你一定想让用户产生一些你所期待的感受，但是用户未必有时间、有精力与你进行深入交流。那么，从没开口的时候，你就要开始依托"杂糅感"做文章，让他在看到、摸到甚至听到你和你的产品时，就能产生相应的感受。

　　一个专门靠"杂糅感"来做营销的小众职业，叫作"菜单工程师"，他们专门靠菜单设计来刺激顾客消费。格雷格·拉普是一个有 34 年经验的菜单工程师，他表示："一个日均客流量 100 万的全球大型连锁餐馆，推出一份菜单的时间可能长达 18 个月，并且正式推出前还要做 3 次测试。"菜单设计上，有一些经典的做法，其实都仰仗于对"杂糅感"的有效利用。

　　首先，人们对菜单的第一感知是重量。当人们从服务员手里接过菜单时，比较重的菜单会给予人们一种心理暗示：

这是一家高档的餐厅。其次，是字体的设计。精致的字体设计会调整人们对于菜品和消费水平的期待，甚至还会影响人们对于菜肴质量的评价。瑞士的一项研究发现，跟普通字体相比，在酒水单里采用花体字书写名字的葡萄酒更受欢迎。再次，给菜肴的名字添加场景化、与人相关的元素会造成更好的营销效果。如果在菜肴上加上人名，或者在旁边标注与之相关的具体的人是谁（比如养牛场的农场主、这道菜的大厨、这道创意菜的发明者），就算这个人名是编的，人们依然会觉得这给菜品提供了一种质量保障。"南瓜派"未必能得到垂青，但如果在菜单上写"外婆家的南瓜派"就更有可能得到青睐了。此外，在菜单中采用刺激感官的词汇，也能刺激这些菜品被选择。比如"炸""辣""香"等直接造成杂糅感的字，可以直接融入菜品名字，如"香辣蟹""糖醋里脊"一类的菜品，被选择的概率要比其他平庸名字的菜品高出23%。最后，如果菜品的描述信息越详细，甚至有一个故事，顾客就会觉得这道菜越有价值，并且更愿意支付高价。在中国，很多城市都有一两个招牌菜，而这些招牌菜通常都要有一个配得上它身份的故事，不是来自"某个皇帝下江南"，就是来自"某个名人逃难时的救命粮"。至于遍地开花的"武大郎炊饼店"，更是沾了杂糅感的光，这些店大多卖的是烧饼，实际是挂羊头卖狗肉，须知武大郎当年卖的"炊饼"，其实就是今天的馒头。

对于接触到的信息，我们的大脑在很多时候来不及反应，信息直接转化为被诱发的感受，而这种杂糅恰恰为我们提供了一种降低理解成本的有力抓手。

4.4.8　提炼

在降低理解成本中，如何用好"提炼"的窍门，我想讲一个横跨百年的故事。

1915 年，近代著名军事家蔡锷指挥护国战争时，需要找一本统一将士作战语言的兵书，蔡锷认为曾国藩、胡林翼的治兵言论"多洞中窍要，深切时弊"，是"扼要探本之论"，于是便从他们的奏章、书信和日记中，摘取了大量有价值的内容，分类凑辑成一本薄薄的书，取名《曾胡治兵语录》，其中前十章论治军，后两章谈作战，并在各章后附上按语，对曾、胡的言论进行评述，并阐明自己的军事见解，印发给护国军全体将士背熟。

文字被提炼为语录，具有穿透时空的巨大影响力。华为的创始人任正非，在当基建工程兵时是非常优秀的学习标兵。自 1987 年创办华为至今 30 余年，任正非滔滔不绝地做了无数次内部讲话，每一次的内部讲话都能够引起巨大的反响，在外部同样有巨大反响，文字整理稿有 1000 多万字，如何传播呢？任正非的首席智囊黄卫伟如法炮制，把任正非过去 30 多年治理华为时讲过的话进行语录化整理，形成三本书《以客户为中心：华为公司业务管理纲要》《以奋斗者为本：华为公司人力资源管理纲要》《价值为纲：华为公司财经管理纲要》。这三本书现在成为很多民营企业家的案头书。因为企业家很忙，哪有时间看书，简洁有力的语录就是最好的精神支柱和教育手下的有力武器。

由此，你会发现提炼的力量对降低理解成本多么重要，以至于我们得出这样一个结论：要跨越圈层、穿越时空去传播思想，不提炼，不传播。

4.5 势能

4.5.1 恐惧感构建的势能

我们注意到一个现象，有的文章或视频，单看名字是起不到这个效果的，比如《罗一笑，你给我站住》等，标题一般般，但你仍然义无反顾地点击进去读了。这又是为什么呢？其中一个原因是它们在刷屏。你看见朋友圈有一个好友转发了，不太在意，接着看到第二个、第三个……越来越多的人在转发，你就会好奇，为什么这么多人都在转发？就点击进去看，阅读后，你也转发了，因为你怕被人家说你落伍了。

所以标题并不是文章"可读性价值"的唯一证明。至少还有两个方式可以做到这点。一个方式是在一个人群里密集、集中地转发。提高一篇文章在一个人群中曝光的频次（切记，频次和密度是今天营销的两个关键变量，这点可以参考《轻营销》），从而营造刷屏的效果。这种密集的转发就背书了这篇文章的可读性。**另一个方式就是让"大咖"转发，同样能为文章的可读性背书。这背后的核心逻辑是一个关键词：势能。**

要探究势能的秘密，先要知道人类天生最强烈的情感：恐惧感。赫拉利在《人类简史》中谈到，智人单个个体没有优势，为什么智人能够战胜尼安德特人、丹尼索瓦人等"表兄""表妹"，成为地球上唯一的霸主呢？是因为智人懂得沟通，能协作，实现群体作战。群体协作非常重要。在远古社会，个体必须在群体中才有安全感，一旦被群体抛弃，死亡的概率很高。

实际上，这种现象，一直延续到最近 30 年——30 年前，如果某人被单位开除，那种打击可能会让他自杀。被群体抛弃是多大的恐惧感啊！势能的构建就来自这里。因为势能的存在，个体下意识地服从群体，从众心理自然产生。

现在每个人都怕被淘汰。比你强的人在一个群体里而你不在，会给你更大的恐惧暗示，因为进化心理沉淀下来你对群体的依赖，如果比你强的人都在这种群体里而你不在，你就会更焦虑。

今天很多知识付费平台都在谈诸如"互联网思维"等时髦概念，而当你对此一无所知时，你就会感到恐惧。当大家都在关注而你没有关注，你就会感觉自己逐渐脱离一个主流的群体，感觉被边缘化，这种压力会推动你去主动关注。

但构建势能绝对不能脱离相关性，假如我的周围有一群人懂得量子力学或者投资期货，我并不会因此感到特别有压力，也不会觉得被边缘化，除非这件事关系到我的事业、情感、健康等，例如，如果这意味着我会在考试中失去分数而落后于别人，继而影响到我的前途，那就另当别论了，一种唯恐落后于人的恐惧感就会油然而生。

所以，善于构建势能者，会巧妙地让他的受众感觉自己处于一个群体的边缘，受众深感如果不能成为这个群体的一员，他的事业、情感、健康等重要的人生主题会遭受极大的损失，然后受众便会很主动地去关注自己之前不曾感兴趣的主题。

更重要的是，即使这个群体之前并没有实际存在，也可以在短时间内把它"营造"出来（这也许就是"造势"的来源）。例如，使用我们前面谈到的高频次复现或者"大咖"背书等方式，无论采用何种方式，核心的秘密就是利用这种恐惧感，这种感觉会让人有行动的动力。例如，在心理学里就有一个实验，实验策划者刻意安排电梯里之前进入的人都背对电梯门。被测试者最后才被安排踏进电梯，虽然被测试者不知道为什么之前进电梯的人要背对电梯门站着，但经过多次实验，大多数被测试者也不由自主地选择背对电梯门站立。

4.5.2　高频次和多渠道复现

频次这个维度的重要性，在移动互联网时代前所未有地凸显出来。人的行为是分频次的，例如，吃饭一天三次；结婚，一辈子可能就那么一次。没有人结婚的频次会比吃饭高。

在移动互联网时代，如果我们的产品或者服务针对人们的行为频次越高、频次越固定（比如吃饭的频次——每天三次就是固定的），那么这种产品和服务就越有生命力。我们可以看看我们手机上的 App，饿了么、高德地图、大众点评、微信等，这些有生命力的 App 都有一个特点：针对的全是人的高频行为。微信之所以能成为 App 之王，就是因为它在目前众多的 App 中针对人的行为频次最高——强关系人际沟通交流。

同样地，提高复现的频次，尤其实现多渠道复现，就可以大幅度降低理解成本。

我们先来注意一个现象，大多数中国人多少都会说一两句英语，比如 Hello，Goodbye。这是为什么呢？难道仅仅因为这些单词很简单吗？那你试着看一看其他的简单词，比如 ditto，key，jam 等，又有多少中国人认得？之所以很多中国人会说 Hello，Goodbye，并不是因为它们简单，而是因为它们被高频应用。我们朋友见面就可以说"Hello"，和朋友再见可以说"Goodbye"，这样的场景在我们的生活中是经常遇到的，或者说是高频次复现的，总听朋友这样说，自然而然我们也会跟着说。于是，即便是那些没有学过英语的人，也可以在不同场景的高频次复现中掌握 Hello，Goodbye 的用法。

在英语学习中，背单词的一个窍门就是把单词强化记忆多次，也就是说在短时间内提高单词的复现频次，然后迅速开始阅读包含这些单词的文章。当被你高频次复现强化记住的单词在不同的文章、不同的语境里出现时，会进一步强化你的记忆，帮助你记住这些单词。

当代的广告就是利用了这一要诀，我们能记住不少品牌的广告，更容易理解广告主要传递的产品和服务的要点，就是因为广告主在不断提高广告的复现频次，并且更有效的广告是多渠道复现。典型的例子如恒源祥、58 同城的广告等。58 同城曾经就非常好地利用这个策略，它们在地铁里投放广告："58 同城，一个神奇的网站。"曾经有一段时间，走进地铁站，你就能听到 58 同城的广告，走进地铁车厢，这个广告又出现在扶手上，出现在电视屏里。这个广告简直就是无所不在，高频次地、多渠道地复现，让人不得不印象深刻，你也自然知道找工作、找房子等都可以上 58 同城。

这个要诀甚至可以应用到追求异性。例如在大学里，如果你喜欢上了一位陌生的女生，又不好贸然去表达的时候，可以先在很多渠道、高频次地向这位女生复现。先了解一下这位女生的生活习惯，了解一下她每天什么时候去食堂，什么时候去教室，什么时候去图书馆。然后，再以不同的形象、高频次地出现在这些路径上。比如，每天清晨，这位女生去食堂的路上，你就可以扛着网球拍，展示自己的活动。等到她去教室时，你可以用自行车推着你受伤的室友去教室。等她去图书馆时，你就可以在大门口和人讨论某本名著。慢慢地，通过多渠道、多形象、高频次的复现，这位女生就会关注你，也许她就会觉得与你很有缘分，这时你就可以制造一个小小的邂逅，也许从此就开始一段浪漫的恋情。

高频次、多渠道复现的事物对我们来说理解成本是很低的。这里可以聊聊相声这种艺术。

相声是老百姓喜闻乐见的艺术形式，在群众中的普及率相当高。相声之所以能拥有如此高的普及率，核心原因之一正在于它的理解成本非常低。一些文化水平不高的老头、老太太，听着相声也会开怀大笑，这首先是因为他们很容易能听明白。你可以试一下对这个群体去读读《乔布斯传》，在你读来热血沸腾的篇章，却可能让他们听得打瞌睡，因为理解成本太高了。

相声之所以如此容易理解，就是因为它的内容主要都围绕人们熟悉的生活场景展开，这些场景是老百姓在日常生活中经常遇到，甚至天天遇到的，也就是高频次复现场景。非但如此，百姓日常聊天、谈论的也不外乎就是这些家长里短，这些场景和故事得以多渠道复现。因此，对这些场景和故事，老百姓非常熟悉，即便相声是一种口头语言艺术，缺少画面感，但因为谈到的是老百姓特别熟悉的场景和故事，也非常容易让听众有代入感，一听就懂，极其容易引爆笑点。

评书的理解成本就要比相声高一些，评书里的场景和故事就不像相声那样能在老百姓的日常生活中高频次多渠道地复现。即便如此，你还是会发现，评书大多数围绕中国的传统故事展开，如果你是个评书爱好者的话，听了很多评书你就会知道，很多桥段和所要传达的意义都是高频次、多渠道复现的。

相比之下，国外的故事就很少进入中国的评书，比如你看看单田芳先生的评书，涉及国外内容的只有《太平洋大海战》等寥寥几部，比例远远低于他讲述的中国故事。这是因为国外故事里的场景和意义在我们生活中出现的频次非常低，更谈不上多渠道复现，如果只是凭借语言艺术，很难引发听众的代入感。

电影则可以解决这一问题，许多好莱坞大片能够风靡中国的原因就是，即便它的场景和人物不为中国人所熟悉，但动态画面感的理解成本是非常低的，从而推动这些大片为老百姓喜闻乐见，这就能在相当程度上弥补前面所述的短板。

4.5.3　密度

第二次世界大战时，德国战机轰炸英国，爆炸声不绝于耳。不过在这些轰炸中发生了一些匪夷所思的怪事，有面粉厂明明没有被炸弹击中，竟然也发生了爆炸，其破坏性绝不亚于被炸弹轰炸的目标。这是为什么呢？难道德国的炸弹有魔力不成？竟然可以引爆没有击中的目标。德国的炸弹当然没有魔力，谁的炸弹都必须遵循物理规律。秘密在于，当面粉厂空气中的面粉粉尘达到一定密度时，只要遇到明火，就会立即爆炸，所以即便德国的炸弹没有直接击中面粉厂，但轰炸引发的火星完全可以引爆面粉厂。

在日常生活中，面粉似乎和炸药沾不上边，当我们用面粉加工食物时，早已习惯空气中有面粉粉尘。不过，只要面粉的粉尘密度超过 9.7 克 / 立方米，它就从美味的食材变成了可以夺命的炸药。密度就犹如魔术师，可以让很多奇迹发生。在降低理解成本中同样如此。

打车软件刚刚兴起时，这个创举并不是在全国各个城市均等铺开，而是首先瞄准北上广深，尤其瞄准北上广深写字楼密集、加班人多的地方。为什么？因为这里目标人群的密度高。写字楼密集，白领就多，如果写字楼里有大广告公司、公关公司、互联网公司等，加班的人群数量就会很庞大。他们只要加完班，就会打车回家，因为劳累了一天，没有人再想挤公交、地铁，况且公司又给报销这个时候的费用。

目标人群密度高会带来一个巨大的好处：他们可以相互学习使用一项创新的服务，而不需要商家付出很高的市场推广和教育成本，大大降低目标人群的理解成本。一旦有积极分子（在营销术语中则称为种子用户）采用了打车软件的服务，即便他不主动推荐，他身边的人也很快能够注意到他在使用这项服务，并且能马上领会这项服务显而易见的好处——叫车不再受地点限制，在办公室、家里，随处都可以叫车，而不需要像以前一样站到马路边上去挥手。这就是关键之处，目标人群密度高的地方，只要出现了一个积极分子，他身边有类似需求的人很快也会跟进使用。但如果目标人群密度过低，即便积极分子对新产品、新服务表现得很积极，他身边的人也无动于衷，那这时，为了把创新的产品或服务推给目标人群，商家就不得不付出高额的营销成本，而不能指望用户之间彼此的推荐（这种推荐往往更有效并且不必付费）。

这种密度优势在后来的共享单车普及里体现得更为明显。细心观察一下你就会发现，共享单车有一项技术活：每天要保证地铁、公交车站、写字楼等目标人群密集的地方有充足的车可以使用。只要目标人群密度足够大，不需要商家去介绍共享单车的好处，用户很快就能从别人的骑行中发现共享单车的好处——只要能找到车，可以从随意地点开始，到随意地点结束，不必刻意去找地方还车。而且人们很快学会了如何操作——扫码，把车骑走，最后付款，就这么简单。

联系上一节我们谈到的频次，你会发现，密度其实最终是为频次服务的。当我们周围用共享单车服务的人足够多时，对我们而言，共享单车使用的场景复现频次就会足够高，这时共享单车的利益点和操作方式的理解成本对我们来说就会大大降低。

关于密度和频次的更多论述，可以参看唐文所著的《轻营销》。

4.5.4　瞬间峰值

和频次、密度密切相关的另一种降低理解成本的方式是打造"瞬间峰值"的传播。在过去传统媒体的环境下，吸引大量关注的往往是重大社会事件、明星等。但在新媒体日益发达的今天，不少热点事件被更高频次地发掘，或者"制造"出来，它们不一定会引发持续的关注，但可以在瞬间达到一个传播的峰值，这同样可以大大降低理解成本。

瞬间峰值可以提高一个事件的浮现频次和关注人群密度，例如著名的刷屏文章《深夜，男同事问我睡了吗》，这实际是网易有道翻译官的广告。单从标题来看，尽管有些八卦，但还没有达到让读者尤其那些不太喜好八卦的读者非点进去看看不可的程度。

不过，遇到下面的情况就是另外一回事了。你打开微信朋友圈，看到有人在转《深夜，男同事问我睡了吗》，开始可能略有些不屑，认为好无聊，有人就喜欢转这种八卦文。等等，突然看到另一个朋友也转发了，而这个朋友给你的印象还不属于很八卦的人。你心里会开始嘀咕，难道这篇文章还可以读读吗？然后一篇接着一篇，你发现朋友圈里不少人都在转发。《深夜，男同事问我睡了吗》这篇文章在你的朋友圈、微信群开始密集出现，复现的频次越来越高。

最后，你坐不住了，尽管你确实不喜欢八卦，但这个时候，你终究会忍不住点进去看看，这究竟是篇什么样的神文？最后读完，你也不禁转发，进一步提升这篇文章对你朋友的复现频次。

在传播中，提升瞬间峰值，即便传播的内容稍逊，仍然可以获得更高的关注度。这就是不少企业每年要在传播上砸下很大品牌推广预算的缘故，这样可以人为地制造出传播的瞬间峰值来。

4.5.5 刻板印象

当提到"职业玩家"的时候，有很大的可能，你会认为这是一个戴着眼镜、不爱运动、比较内向的年轻男性。因为在大多数人的认知中，一个游戏打得非常棒的人就应该是这样的。然而现实是不少职业玩家是女性；很多电竞俱乐部会开设健身房，供职业玩家锻炼身体，修复运动损伤；随着电子游戏产业的发展，不少职业玩家越来越具有成为偶像的潜质，在商务互动、传播营销方面下了苦功。不过纵然如此，再加上受到一些电影、电视剧的影响，很多人依然会觉得职业玩家就应该是"电子宅男"的形象。这种认知就是一种刻板印象。

很多信息之间的联结，其实都在人的大脑里预留了一种捷径，刻板印象就是这种捷径之一。我们通常觉得四川人能吃辣，东北人很豪爽，外国人也总认为每一个中国人都会功夫，而且乒乓球肯定也打得很好——这些都是刻板印象。它们虽然多跟事实有明显出入，但就是深深扎根在人们的脑海里。很多时候，不用多说话，我们只要看对方一眼，刻板印象就已经开始产生作用了。当我们注意到对方开什么车、戴什么表、用的手机是什么牌子的、皮鞋擦得干净不干净，我们就已经开始通过这些信息下意识地衍生出更多的信息来。

走夜路时，在黑灯瞎火的狭窄巷道，如果迎面过来一个满脸横肉、黑塔一般的壮汉，依稀还能看见面颊有一道深深的疤痕，人们的第一反应恐怕都是警惕起来，就算那些外在特质丝毫不能证明这人有危险，但毕竟这样的样貌"看上去不像好人"。

人们很难逃离刻板印象的影响，因为它的存在，其实是进化的产物。刻板印象可以有效降低人们在社交过程中的认知损耗。我们一生都在跟各种各样的人打交道，但只有那些和我们有紧密关系的人——亲人、恋人、偶像，我们才会愿意进行真正深入的了解。而其余的大部分人，我们如果既想把交道打好，又能节省认知资源，就要借助刻板印象的力量了——它可以帮我们从少量的已知信息延展出大量的其他信息，又不至于消耗我们太多的资源。

星座的流行，其实就借了刻板印象的东风。当"处女座"与"完美主义"结对，"巨蟹座"与"爱家而温暖"联系起来，"金牛座"与"固执且爱财"搭到一起时，星座的讨论者们就可以从一个简单的信息——生日出发，有了更加高效的信息传递。如今，两个陌生的年轻人聊天，经常会在见面后没一会就过问对方是什么星座，然后就可以快速地在自己脑中给对方匹配一个形象，然后再继续深入交流。星座为这些交流高效地提供了大量信息，甚至它本身也会成为深入交流的谈资。

我们在试图传递信息时，不妨安排一个"先头部队"来为刻板印象的产生提供基础。我们在真正开始深入交流之前，有很多东西都可以为真正的核心信息提供铺垫，比如衣着、作派、口音。但刻板印象最大的弊病就是以偏概全，星座没有什么科学性，所提供的信息自然在准确性上也会有问题。如果大家都是星座同好可能会有很多共同话题，但如果你的聊天对象根本就不信星座，那么你的话题并不能引起共鸣，甚至还会诱发对方"信星座的都不太靠谱"的刻板印象。

总之，刻板印象是一把双刃剑，挑选使用的切入点非常重要。用得好了，跟对方可以越聊越投缘，甚至很多事情不用多说就能水到渠成；若是用得不好，可能话还没说就已经发现气场不对了。

4.5.6 网络效应

2017 年 6 月，腾讯公布的财报显示，微信和 WeChat 的合并月活跃账户数达到 9.63 亿。而这个时候的微信才仅仅 6 岁。这可真是个奇迹，几乎我们每个人都在使用微信。不过，我们是怎么用上微信的呢？回忆一下当初用上微信的历程，有腾讯的销售给你打过电话吗？你是因为看过微信的广告而用微信的吗？都不是，绝大多数人用上微信的原因其实都一样，就是他们周围的人都在用，以至于他最后不能不用，如果他不想失去老板、客户或者朋友的话。

微信就像一张网，把每个人联结起来，让他们沟通更加方便、快捷。随着联结的人越来越多，这张网络的价值就越来越高，按互联网三大定律之一"梅特卡夫定律"的表述，网络的价值是与接入节点数（在微信中就是用户数量）的平方成正比的。也就是说，在早期微信的用户还比较少的时候，你可以忽视它的存在，用不用都无所谓。但随着微信联结的人越来越多，你周围的很多人，尤其你的老板、客户开始使用微信作为主要沟通交流工具时，你就不能再无视它的存在了。显然，你不太可能说服几个、几十个、几百个使用微信的人都去改换他们的习惯，换另外一种沟通交流工具来迁就你、和你沟通。

留心一下，在我们周围存在很多类似微信的网络，一旦网络连接的人达到相当数量时，你就不能不积极融入这个网络，否则理解成本会高得出奇。典型的网络比如语言网络，当你进入外企，周围人都在用外语沟通时，如果你不能熟练使用外语而进入这个语言网络，慢慢地你就会被边缘化。因为你理解不了别人，别人也理解不了你，这会给人很大的压力，不是吗？

顺带说一下，互联网企业和传统企业从商业本质上来说都是企业，都要遵从基本的经济规律。但我们之所以总谈传统企业的互联网升级转型，是因为互联网企业和传统企业有一个地方不太一样——增长方式。传统企业的增长是线性增长，如每年保持 10% ～ 20% 的增长。但互联网企业不是，它遵从的是指数级增长，就如微信一样，一开始增长的速度不见得快，但只要节点数超过一个阈值，就会呈现爆发式成百

上千倍的增长，因此微信才有可能在短短的 6 年内增长到近
10 亿活跃用户（可以阅读一下《从 0 到 1》以及《轻营销》对
此的解读）。而互联网之所以能实现指数级增长，其中核心原
因就是"网络效应"，即梅特卡夫定律。

4.5.7 种子用户

营销学中有不少相关图书，如《创新的扩散》《跨越鸿沟》
《四步创业法》《轻营销》等，都会谈到一个很著名的模型——
"罗格创新扩散曲线"（见图 4-7）。

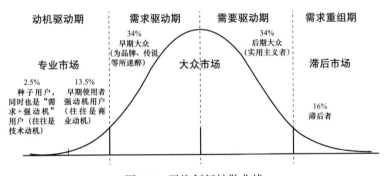

图 4-7 罗格创新扩散曲线

这个模型揭示了当我们推出创新产品时，它是如何被不
同人群所逐步接受的。

这些人群可以做如下分类：

- 专业市场：
  - 种子用户；
  - 早期使用者。

- 大众市场：
  - 早期大众；
  - 后期大众。
- 滞后市场：
  - 滞后者。

通过"罗格创新扩散曲线"，你就很容易发现，最庞大的市场当然是大众市场。用户数量庞大，能带来丰厚的收入和利润。那么，为什么我们不直接一下子就跨入大众市场呢？当然，有不少产品是完全可以做到这一点的，但同样有很多创新对于普通大众来说，要么从技术角度来说太难理解了，要么从技术上并不困难，但大众往往不能很快捕捉到这些创新的价值点。但专业用户群体，尤其是种子用户就很不一样，他们可以很敏锐地捕捉到产品的技术要诀、价值要点，并且可以成为桥梁，将这些好处传递给大众。

1998 年，彼得·蒂尔（《从 0 到 1》的作者）和埃隆·马斯克联合创立 PayPal 的时候，他们推出了一项在今天我们习以为常，但在当时有划时代意义的创新——如果你有一个电子邮件账户，那么你就可以用这个电子邮件账户来收款和付款。然而，当时的用户并不知道这项服务的好处在哪里。他们也曾花费巨资去教育市场，不过几乎等于打了水漂。是的，对于大众群体来说，这项创新产品的理解成本太高了，大家一时想不到它究竟好在哪里，以及为什么我们需要它。

在这种情况下，硬生生去教育市场绝对是费力不讨好的事情，就如我们想用几根小火柴就把大木头点燃是痴心妄想一样，正确的做法是先找到枯枝碎叶和小木头，用火柴点燃枯枝碎叶，然后用枯枝碎叶引燃小木头，继而引燃大木头。这个时候，找到这样一个群体至关重要：①他们有很强的意愿去使用这项创新产品，当然他们就会有很强的意愿去理解它；②他们必须是这项产品的高频用户（前面我们说过，高频次复现可以大大降低理解成本）。

于是，PayPal 把目光瞄准了各个电子邮局最早的注册用户。例如 Yahoo 电子邮局，假如它已经有 2000 万用户的话，那么最早注册 Yahoo 电子邮箱的 2000 个用户一定有如上所说的两个特点，他们对于新技术敏感，更容易理解新技术的好处；很敢于尝鲜。此外，他们毫无疑问是电子邮件的高频重度用户。类似的用户成为 PayPal 支付的种子用户，他们很快理解并接受了 PayPal 的创新产品，并且非常重要的是，他们随后把这项产品推荐给了更多的人。有了种子用户的推动，后面的人群再理解这项创新产品时，理解成本就大大降低。这就告诉我们，试图降低庞大群体的理解成本时，不能一下子试图对整个群体同等用力，那是费力不讨好的事情，一定要对用户群体做细分，识别出来那些理解意愿和理解力更强的人，先让他们理解，再让他们推动其他人理解。

4.5.8　压力

在上一节讲种子用户时，我们谈到一个对理解成本影响重大的要素——用户的理解意愿。如果用户缺乏理解意愿，那无论我们怎样降低理解成本，用户也难以去理解。例如很多新生代人群喜欢的二次元文化，理解成本非常低，但很多中年人对此或者感到困惑，或者干脆就一无所知，因为他们对此没有太多的理解意愿。降低理解成本，仅仅从被理解者一方去努力并不足够，还需要从理解者方面去用力。其中最有效的方式之一就是增强理解者的理解意愿。

种子用户就是自身有更强理解意愿的人，不过，仅仅指望发现种子用户肯定是不够的，我们还需要其他努力来提升更多用户的理解意愿。什么最能提升用户的理解意愿？当然，兴趣肯定是。当你爱好哲学时，你会愿意付出很多脑力和时间去阅读那些晦涩的哲学著作。当你爱好英语时，你会愿意往脑袋里塞进去很多和母语习惯不一致的单词、句子和其他表达。这没有问题，问题在于培养兴趣是一个长久的过程，而且兴趣因人而异。仅仅依靠兴趣培养来增强理解意愿是一件投入巨大、见效缓慢的事情，尽管兴趣确实对于长期的成长很有利。

贝多芬的兴趣是作曲，而毕加索的兴趣是作画，乔布斯的兴趣是打造改变世界的产品。他们的兴趣都因个体差异而千差万别，并且这种兴趣是通过漫长的时间积淀、积累出来的。要想在短期内增强理解意愿，就要格外关注压力，因为压力会因事而同，一个更奇妙的地方是压力可以快速产生。假如患上绝症或者遭遇车祸，任何人都会马上感到痛苦、恐惧，随之而来的压力产生得非常迅速，根本不需要几十年的时间去培养。

所以，快速让人们增强理解意愿的有效要素是压力。压力不但能让人们增强理解意愿，而且作用还相当持久。回忆一下我们在学校读书的场景吧，倘若不是因为考试升学的压力，而只是凭借学生学习兴趣的话，会有多少人有意愿去认真读那些烧脑的课本。而一旦有了高考这样能决定个人命运的考试，大多数学生都会打起十二分的精神去死磕课本，这就是压力使然。压力越大，人们理解的意愿包括其他行为的意愿，比如购买的意愿就会越强。

在热门的知识付费平台上，你会接受一种观念：这个时代变化太快，如果你的知识和思想跟不上的话，你就会被淘汰。确实，在这个技术突飞猛进的时代，我们确实会感到身边的环境变化太快了。即便你是一个能力很强的人，一旦可让你驰骋的跑道发生了变化，你就会感到焦虑，更不用说有不少人还挣扎在对基本的生活需求满足中。这种压力会让我们更有意愿去理解知识付费贩卖的知识产品。

不过，这种焦虑还不算是特别大的压力，它也只能称为焦虑而已。对比一下 IT 培训、英语培训等的费用，你会发现从单价上高出知识付费特别多，这是为什么呢？道理很简单，对于想从事 IT 工作的人来说，是否参加过有效的 IT 培训，直接决定他能不能找到一份工作，以及这份工作是月薪5000 元还是月薪 10 000 元的区别。这个压力就远比泛泛的焦虑大得多。因此，尽管 IT 课程的理解成本更高，但更大的压力让学员更有意愿去付费，去花费更多的精力和脑力进行理解。

4.5.9　从众

　　小米公司曾经有一款要上市的手机，主打的功能是电量充足，待机时间远超市面上的同级别手机。按照以往的套路，小米公司应该准备一系列说明手机足够"持久"的广告创意，并且着手印刷一堆重点标注了手机电池参数的海报。但小米公司偏偏反其道而行之，搞了一个号称"史上最无聊的直播"——直播手机待机。小米公司直接在直播平台中向所有网友实时展示它们手机的待机功能，而这次展示引起了大规模的围观，直播总共持续时长达到 17 天 21 小时，直播中的弹幕讨论总条数突破了 3.17 亿。可想而知，这种营销成果可比冷冰冰地用广告中的数字说明"我的手机待机时间特别长！"要好很多。然而，这次直播中的大多数观众，都是"来看热闹的"，他们从各种渠道听说了小米公司的这次直播，也听到了其他人对于这件事的讨论，那既然反正活动没结束，为什么不自己去看看呢？这种被他人和舆论裹挟着产生同样行为的现象，就叫作"从众"。

　　我们在刷朋友圈的时候，看到有一条已经被别人点赞的内容，我们也会更倾向于去"锦上添花"地点个赞，这也是从众的一种表现。美国加州大学的一批研究人员也对"点赞"

的机制很感兴趣，他们招募了一批 13 ～ 18 岁的志愿者，让每个人提供了 40 张他们会发到社交网络上的照片。随后，研究者就给这些志愿者看这些带有不同点赞数量的照片，同时跟踪记录他们的反应。值得一提的是，给志愿者看的照片已经有了多少赞是完全由研究者把控的，而志愿者并不知情：他们会以为那些赞都来自真实的评价。

研究发现，无论什么照片，只要有越多的人点了赞，志愿者就越倾向于继续给这张照片点赞。就算一些点赞数量很少的照片跟那些获得点赞数很多的照片内容类似，志愿者也倾向于选择直接忽略。此外，这种"越赞越点"的现象在志愿者自己本人提供的照片上尤为明显。

第一个吃螃蟹的人是很难得的，因此，"你不是第一个"的潜台词非常容易诱发行为。"让一百万人看过流泪的演讲"就会更容易刺激用户点开来看；有的线下销售会，卖家会特意安排一个"托儿"来做全场第一个买主；有时候开讨论会，第一个人发言后，其他人纷纷附和表示"我跟他看法差不多"——这些都是从众的具体表现。

在营销的过程中，"销量遥遥领先""产品连起来绕地球一圈""中国每卖 10 罐凉茶，就有 7 罐 ×××"等广告语，其实都在以"从众"作为其试图诱发的心理状态。有一个研究发现，只要在餐厅菜单上的菜品旁边标明"本餐厅最受欢迎"的字样，就能提升这道菜 17% ～ 20% 的点单率。

还有一项眼动追踪的研究，主要评估了什么样的广告会对人产生更强烈的影响。研究者给实验的参与者看了两条洗发水广告：一条广告的画面是模特的脸和洗发水同时出现，模特正对着镜头；另一条广告的画面同样是模特的脸和洗发水同时出现，但模特正在看着洗发水，而不是和观众对视。通过眼动追踪发现，看第一条广告时，人们的关注焦点在模特的脸上；但在看第二条广告时，人们被模特的行为诱导出了从众的行为，他们的目光集中到了洗发水上。由此看来，要想营造畅销的商品，光告诉用户"东西是好东西"并不够，恐怕还要让用户知道"大家都认为这东西是好东西"。

4.5.10　镶嵌

2015 年，本书作者之一唐文参与了《从 0 到 1》的推广，如何能让这本书最大范围地被人们知晓？当时创新了不少方法，其中之一就是把"从 0 到 1"营销为一个"超级词汇"。所谓"超级词汇"，就是指人们在很多场合可以提及"从 0 到 1"，用来替代创业、创新、从无到有等含义，而未必是指这本书本身，这样"从 0 到 1"的覆盖人群会更广，复现频次也会大大提升。

于是，当时在网上发起了段子大赛、摄影大赛等，推动网友们把自己所认为的"从 0 到 1"分享出来，只要跟"从 0 到 1"沾点边就行，创意越离奇越好。网友们一时天马行空，各种各样的"从 0 到 1"涌现出来：结婚是"从 0 到 1"，门口修了条路是"从 0 到 1"，考上大学是"从 0 到 1"，甚至有网友在产房等着老婆生孩子时，拿着《从 0 到 1》在产房门口拍了张照。慢慢地，"从 0 到 1"超越了这本书的书名而成为一个"超级词汇"，它频繁地在各种场合被人们提到，无论人们是为了表达一个伟大的梦想还是调侃自己家的小猫、小狗生了幼崽。

一本书的书名极其重要，过去取书名我们是关键词思维，例如在书名里要出现"互联网＋""人工智能"等热门关键词，这样便于读者在搜索时你的书可以出现在候选列表中。受《从 0 到 1》这个探索成功的启示，我们发现，应该跳出关键词思维，进入一个更为庞大的目标群体，应该采用"镶嵌"思维，即能让一本书"镶嵌"进人们日常生活的场景，"镶嵌"进人们频繁讨论的话题。

于是，在易宝支付 CTO 陈斌翻译的 *The Art of Scalability* 第 2 版确定书名时，当时我们力主放弃直译，而一定要找到一个能"镶嵌"进本书的目标人群——架构师在日常话题中能高频引用的书名。怎么能做到让架构师们在日常话题中高频引用呢？道理很简单，架构师们在和老板、同事、同行们强调架构的重要性时，最应该说的一句话就是——架构即未来。因此，书名最终确定为《架构即未来》，该书远远超越第 1 版，成为不少电商年度技术畅销头牌书。

"镶嵌"是一个经典社会学理论，斯坦福教授马克·格兰诺维特（Mark Granovetter）为这个理论的发扬光大做出了决定性的贡献。借用一下这个理论，我们可以把一个理解成本比较高的对象，镶嵌进目标人群的日常话题里去，镶嵌进他们更为熟悉的场景里去。

"娃哈哈"这个名字就起得非常好，早在我们熟悉"娃哈哈"这个企业之前，我们早在小学甚至幼儿园就会唱《娃哈哈》这首歌了，并且是在欢快愉悦的场景里唱。因此，我们从小就对"娃哈哈"非常熟悉，并且颇有好感。同样，20 多年前"商务通"的推广也成功地利用了这一个诀窍。所谓商务通是远在智能手机普及之前，针对商务人士开发的一种便携电子设备，可以实现一些简单的商务信息处理功能。如何能让商务人群更快认知这个产品？当时的广告语很妙：手机、呼机、商务通，一个都不能少。

显然，人们对商务通普遍还比较陌生，但手机、呼机却是当时商务人群出门必备的商务用品。这个营销定位是把"商务通"从一个品牌提升到和手机、呼机地位相当的品类，将人们相对陌生的商务通"镶嵌"进人们非常熟悉的手机、呼机里去，一下子大幅度降低了商务人群对商务通的理解成本，从而快速地提升了商务通的市场影响力。

4.5.11　微信爆款文的逻辑

2017 年 6 月，本书其中的两位作者——唐文和邓斌有一个对话很有意思：那些爆款文章背后是什么逻辑？为什么你写的文章很有价值但是没人转发？更有意思的是，我们把这次对话整理成一篇文章，放在网络上持续进行版本迭代，获得了多位大咖的关注。

微信上的文章和百度上的文章有很大不同：我们上百度搜索都是带有目的性的，但我们在微信上则是"偶遇"好文。我们总结了判断爆款文章的三要素：情感体验、价值和理解成本。在这三个要素中，最为关键的是情感体验。具备强情感体验、高价值、低理解成本的微信文章是最容易成为爆款的。以上三要素通过表 4-2 排列组合后，把常见的内容分为8 种。

表 4-2　三要素组合矩阵

情感体验	价值	理解成本	举例说明
强	高	低	《明朝那些事儿》
强	低	低	段子、言情小说
强	高	高	《百年孤独》《战争与和平》
强	低	高	大部分推理小说
弱	高	低	很难有，这类作品一般会伴随强情感体验的
弱	低	低	基本无传播价值的作品
弱	高	高	专业性作品
弱	低	高	故作高深，基本无传播价值的作品

关于情感体验要素

古人类至今有 500 万年的历史，现代智人至今也有 20 万年的历史，我们有据可考的文字约有 6000 年的历史，我们进入现代科技社会只有 500 年的历史，我们人类本质上是感性的动物，从这一点来讲，我们的动物性远远胜过我们的人性，或者说感性的一面远远胜过理性的一面。微信文章最为关键的是强情感体验，然后是高价值，最后是低理解成本。人物也罢，故事也罢，都是为实现这些目标而服务的。这是爆款文章背后的真正逻辑。

何为情感体验？就是走心。要注意这个情感要比普通的喜怒哀乐内容更丰富，是要构建成情感回路的。情感回路的特征：在你的脑海里已经浮现过千百次，甚至形成了条件反射，一有这样的要素刺激，你就会动情，感性的东西就会出来。有很多种方式能激发情感，以"人物"为焦点，是其中最有效的一种方式。更多的套路，可以参考《经典人物原型 45 种》《情节与人物》《经典情节 20 种》。无论是人物形象、情节故事，还是节奏推进，有很多经典的"回路"都可以推动情绪的产生。比如，复仇这个情节，古今中外比比皆是，如英国莎士比亚的《哈姆雷特》，再如我国元代纪君祥的《赵氏孤儿》。

情感是可以传染的，正向情感传染得比较快，负向情感传染得更快，越强烈的情感传播得越快。为什么在微信时代，很多草根可以逆袭，这是因为，一旦他的文章带有情感性，就很容易以低成本扩散开来（注意，这个情感要比普通的喜怒哀乐内容要丰富）。

当然，单纯有情感，其他两个要素缺失，只能在一定范围受众内流传，例如高情感体验、低价值、高理解成本的推理小说。

关于价值要素

这个不用赘述，爆款文章的默认条件是内容好，对读者有价值，因为破石头怎么包装也成不了钻石。但大千世界，也不可能篇篇都是精品，对于一些微信文章，符合"高情感体验、低价值、低理解成本"，比如笑话、段子等，也能在很大范围广为流传，可见强情感体验和低理解成本的重要作用。

关于理解成本要素

理解成本是大家经常忽略的关键要素，但在微信中，这个要素越来越重要。这也是本书诞生的关键原因之一。强情感体验、高价值、低理解成本的微信文章是最容易成为爆款的，能穿透自己所在圈层传播得更远、更广。在微信阅读的语境中，理解成本越来越重要。关于理解成本的例子，如《货币战争》，比任何一本金融教科书更容易理解；又比如《明朝那些事儿》，小学文化就能读，对比任何一本历史类图书就可以知道（见图4-8）。弱情感体验、高价值、高理解成本的微信文章只适合特定的刚需群体，比如在书享界里讨论关于组织、管理、前沿科技、人工智能的一些文章，价值度很高，但是理解成本同样很高，情感体验也偏弱，这样只能在一个小圈子里传播。很多领域的专家做出来的文章常常没有获得较高的阅读量，就是因为所写的内容具有"弱情感体验、高价值、高理解成本"。

　　小故事的特色就是降低理解成本。大故事需要读者记住很多人物（尤其遇到很拗口的人名、地名、官职名称等更是难以记住），记住很多线索、情节，才能理解这个故事的来龙去脉，耗费掉大量脑力，理解成本太高。小故事不是这样，小故事很容易理解，尤其当情感体验强、价值很高的时候，就更容易传播（这就是段子流行的原因），因此，要降低理解成本，必须把大故事切割成小故事。

如果很疲倦时
你会读哪本书？

V.S.

图 4-8　低理解成本事例一：选择图书

　　理解成本低的故事有个特点，你在疲劳的情况下也可以读得进去，如《鬼吹灯》《盗墓笔记》等。你不需要一个字一个字地读，一目十行，你也能把握要义，迅速获得情感体验，也能读出恐怖感。理解成本高的读物正好相反，你必须一个字一个字地读，错过一个字也许你就无法理解整篇文章的意思，这种读物只适合专业场景，如工作场合、写论文的场合。当你看知识付费平台"得到"App 时，就会发现它们主张语音伴随，每个观点带有两个小故事、小案例，以降低理解成本。这个可以用一个实例来表示：一只恶犬站在你面前，弓着身子咆哮起来，你不需要看清楚它的牙齿和耳朵具体长什么样，迅速就会产生恐惧感（见图 4-9）。理解成本很低指的是瞬间产生情绪，而不需要理解太多细节。但是，如果你是一名生物学家或者准备买狗的商人，要评价这只狗的价值，你就需要观察很多细节，理顺这些细节之间的关系，这是需要耗时、耗脑力的，理解成本很高。

遇到恶犬
你会瞬间就产生恐惧感，
这个理解成本很低；

如果你是动物学家，
去研究这是什么品种的犬，
看它的细节判别年龄、健康状况等
就会变成耗时耗力杀脑细胞的高理
解成本认识活动

图 4-9　低理解成本事例二：路遇恶犬

人类对于情感或者情绪的理解成本是最低的（见图 4-10）。

当妈妈对小婴儿
说话时，

他当然理解不了
妈妈话语的含义，

但他可以解读出
妈妈话语里的情感

图 4-10　低理解成本事例三：人类情感

互联网的发展历史也清楚地证明了降低理解成本的重要意义（见图 4-11）。

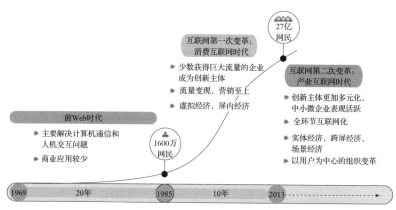

图 4-11　低理解成本事例四：互联网的发展历史

Get the Point
Immediately

第 5 章

Get：收获

　　提到计算机程序员，我们脑海里马上联想到的就是胡子拉碴、不修边幅的理工男。不过，这一印象并不总是正确的。回溯历史，你会惊奇地发现，历史上第一位计算机程序员居然是一位女性，名叫阿达·洛夫莱斯（Ada Lovelace，1815—1852）（见图 5-1）。阿达极有数学天赋，曾为英国著名的发明狂人巴贝奇发明的分析机编写算法，由此开辟了一个新时代。后来美国军方斥巨资开发的第四代计算机语言就以 Ada 来命名，以此纪念她的卓越贡献。

图 5-1　阿达·洛夫莱斯画像

不过，阿达·洛夫莱斯还有另外一个身份，她是英国浪漫主义诗人拜伦的女儿，在她身上流淌着浪漫的血液。是的，数学和艺术、理性和感性、严谨和浪漫在阿达·洛夫莱斯的身上融合，或者可以说冲突。

阿达·洛夫莱斯身处工业革命时代。在那个时代，科技对人类世界的方方面面产生了巨大的影响，不过，科学似乎与艺术沾不上边。谈到工业时代的科技，我们马上会想起的是大机械、大工厂、大烟囱……但这些当时的"高科技"产物，看起来并不艺术，更扯不上浪漫。这一点，连阿达的父亲拜伦也深感困惑和痛苦。

但就在那个时代，阿达·洛夫莱斯提出了一个预言式的概念：诗意的科学（Poetical Science）。在阿达的眼里，人类一定会进入这样一个时代，在这个时代，科学和艺术会相互融合，冷冰冰的机械会注入人性的温暖，创新会在跨界交融的边界处诞生。

这个预言在当时来说非常大胆。我们都知道，在此之前，人类已经历经农业革命和工业革命，这两次革命都延伸了人的四肢。但在这两波大潮之后，人类即将迎来一个划时代的新文明篇章，也正是巴贝奇、阿达等掀开了这个时代的序幕——数字时代。人之所以为人，是因为人有思想，有灵魂，有情感。在数字时代，科技延伸的不再仅仅是人的四肢，更在延伸人的大脑，我们的思想、我们的智慧、我们的情感通过数字空间满怀各种可能性地延展、连接、交融……在这个时代，科技真正与艺术实现了统一。

　　1969 年，人类登上了月球，这是人类第一次踏上地球之外的星球，从此我们不再只是一个茫茫苍穹中的孤点。也在同一年，互联网诞生了，计算机不仅作为一种计算工具，更作为一种通信工具，把这个世界上因为空间距离而孤独飘荡的一个又一个灵魂连接起来。人类文明从此真正翻开了新篇章！

　　1977 年，温顿·瑟夫和他的伙伴们驾着一辆货车在旧金山的公路上奔跑，他们发出了信号，这个信号穿梭于美国、挪威和英国之间。这是 TCP/IP 协议第一次用来在三个独立网络之间发送信号。互联网的英文是 Internet，其实直译的意思是"网际网"，它的本质是将各个小的网络连接起来。最早的网络实际是存在于大学、公司等的小网络，这些小网络相互之间的理解成本很高，而 TCP/IP 协议则大大降低了这些理解成本（所以理解成本并不只是存在于人与人之间），让他们彼此之间的对话成为可能。正是从此开始，我们跨入全球互联时代的道路逐渐平坦。

　　1979 年，施乐 PARC 迎来一批客人，施乐为这些客人演示了自己在人机交互上取得的最新成果。其中一个来客问了不少问题，这让当时担任施乐 PARC 计算机科学实验室主任的鲍勃·泰勒（"互联网之父"之一）非常担忧，因为他感到这个年轻人问的问题比任何人都在关键点上，保不准是来施乐偷师学艺的。

　　不愧是互联网之父，鲍勃·泰勒的担心最后成为现实。这位来客回去就开始推进了人机交互界面的许多关键改变，从而把他的公司和整个时代又推向了一个巅峰。是的，这个"偷师学艺"的人就是乔布斯，一个非常善于把科学和艺术融合在一起的天才，他所缔造的公司就是大名鼎鼎的苹果。

乔布斯对苹果的产品有着极致的艺术追求，他对设计师说，你做出来的产品，要精美到你恨不得冲上去咬一口。这就是乔布斯成为我们这个时代象征，以及苹果成为我们世界商业舞台上明星的核心原因（本书结尾会对此专门有交代）。

2012 年，伦敦奥运会开幕式专门邀请了一位特别的客人，他既不是体育明星，也不是文娱明星，而是一位科学家——蒂姆·伯纳斯－李。他被请到了舞台的中央，在一台很老式的 NeXT 敲出了一段话"This is for everyone"（献给全人类的礼物）。在 20 世纪 80 年代末，90 年代初，蒂姆·伯纳斯－李正是在一台 NeXT 上写出了一个对互联网发展有深远影响的创新——万维网。

在万维网诞生之前，互联网已经有 20 年的历史，但全球网民并不多，核心原因在于当时上网是技术性很强的操作，如果不记住一些特殊的语言和命令压根就无法上网，绝大多数人对互联网是敬而远之的。但万维网的诞生，使人们通过一个浏览器，就可以快速地打开互联网，直观地看到文字、图片、视频，听到声音。稍加指导，一个普通人就可以轻易地"上网冲浪"，互联网一下子从高深莫测变得非常容易理解和操作，从此互联网的发展才迎来了一个大爆发时代，网民数量高速增长，后来成为商业明星的互联网企业，例如谷歌、Meta、BAT 等，都在此大潮中趁势而起。到今天，全球已经有超过一半人进入了互联网的世界，这是人类历史上前所未有的史诗级大迁徙。滚滚大潮的动力，正源于科学和艺术的伟大融合。

是的，科学很高深，理解成本很高，但科学为我们揭示了潜藏在这个世界背后的各种秘密，当科学和艺术相融合时，这个世界对我们来说，理解成本越来越低。无论是作为人类还是一个群体，抑或作为一个人，我们因此能更加自信地去理解世界，掌握世界，改变世界！

降低理解成本，这是一个不断寻求持续优化的过程，它不仅仅关乎我们和爱人、亲友、同事等他人的沟通，也不仅仅关乎公司与公司、国家与国家、文明与文明的对话。20 万年前，我们现代人的共同祖先智人诞生在非洲大草原。大约在 7 万年前，智人走出了非洲，走向全球。相比其他古人种，从个体上来说，智人没有特别的优势，但最终他们从其他人种中脱颖而出，统治了全球，这才有了我们今天的辉煌文明。智人能胜出，正是因为他们拥有语言，并且语言是在不断进化的，使他们彼此之间的理解成本越来越低，能更好地相互协作，从而成为一个强大的群体！

降低理解成本，这是一个我们作为一个又一个飘零的灵魂始终在探寻的主题，我们渴望找到自己的终极家园，获得充分的理解和温暖。即便我们逃离不了有限生命的羁绊，也希望有一种力量在支撑我们，让我们可以彼此理解，相互携手，更加自信地去面对未知的未来！

第6章

Global: 全球

　　《圣经》里有这样一个故事。最早的时候，全世界的人说的都是一样的语言，他们彼此的理解成本很低，从而能实现非常好的协作。因为大地上曾经经历过洪水之灾，很多人和其他生物都被淹死了。痛定思痛，未雨绸缪，人们决定造一座巴比伦通天塔，直插云霄，这样即使大地上再有洪水也不怕了。说干就干，人们撸起袖子，分工协作，很起劲地开始了这项浩大的工程。当一个群体内部的理解成本极低时，协作的威力就显示出来了，巴比伦通天塔越造越高，眼看就要通达天庭。上帝对此深感担忧，他决定要阻止这个浩大工程的完成。上帝毕竟是上帝，他一下子就抓到了问题的关键——增加这些人对彼此的理解成本。于是，上帝用一种简单的方法达到了他的目的：让人们开始说不同的语言，增加彼此间理解的难度。一下子，烧砖的听不懂搬砖的在说什么，搬砖的又听不懂砌砖的在说什么……人们彼此难以理解，更不知道如何高效顺畅地协作。巴比伦通天塔就此搁浅，这项本来很有前途的工程再也进行不下去了。人们也从此散落在大地上，各说各的语言。

　　这虽然是神话传说，但很生动地说明了一个道理：协作具有无比强大的威力，如果全世界的人都能实现协作，其威力甚至能惊动上帝，而实现协作的关键在于协作者彼此之间的理解成本要足够低。

　　还记得前面我们屡屡提到的智人走出非洲、统治全球而成为现代人祖先的故事吗？这就是一次协作的胜利。恰如尤瓦尔在《人类简史》中提到的，单从个体上来讲，相对于其他古人种智人未必具有优势，但因为智人拥有语言，会沟通，彼此间懂得协作，所以他们就能战胜那些强大的对手。

人类文明的进程，其实就是协作网络不断扩大的进程。虽然今天我们总在强调竞争，恰如过去人们更关注战争一样，**但推动历史进程的毕竟不是你抢我夺的零和博弈，而是协作共赢的正和博弈。**最早人类协作的单位只是一个小小的部落，只有几十人、几百人，但不要小瞧这些小小的协作网络，它们已经能帮助个体在相当程度上摆脱死亡的威胁。更多的人意味着有更多机会发现食物、水源，也更容易发现潜在的威胁。比如，作为个人你不可能 24 小时不睡觉而时刻警惕来自四面八方的危险。但作为群体，大家可以轮岗，多几个人分守不同的方向，就非常容易发现危险，继而帮助部落的人及时逃脱异族、猛兽、洪水或者野火的侵袭。当然，这样协作的前提是部落成员之间彼此语言相通，相互的理解成本足够低。如果个体不能对其他人的威胁提醒及时反应，他仍然可能难以摆脱疾病、伤害乃至丧命的厄运。

当协作的网络扩大到拥有数万、数十万人的城市时，协作的意义就不再是简单的拥有充足的食物和逃避自然灾害了。这时，高度细化的分工开始出现，诸如科技研究、文艺创作等很多在当下看起来没有什么特别作用，但是那些开化人们心智、推动未来更多创新的诞生，从而对文明的长远发展形成深远影响的领域开始崛起。个体生活在这样的协作网络中，即使是不经意间也会深受这个网络的影响。历史上发现的不少诸如"狼孩"的案例证明，如果人在成长的关键阶段脱离这个网络的时间过长，那么即便具备人的基因，也再难达到对应年龄的人的正常智商。

随着协作网络规模的扩大，语言网络本身也大力发展起来，人们使用更加丰富的词汇、更加精致的语法，甚至潜藏在语言背后的逻辑、洞见、哲理也被专门拿出来研究。也许世界上的语言各不相同，有不同的词汇、发音、语法、文字表述，但它们之间深层次的逻辑和洞见却是共通的，这会为最终世界网络的协作奠定基础。从古希腊时期开始，数学、物理等摆脱具体背景的科学知识开始兴起。1+1=2，三角形内角和等于 180°，牛顿的三大定律等，无论在哪个历史时期，处于何种文化背景下，采用任何语言或者符号系统表示，其内核都不变且高度一致。古希腊人是这么认为的，古埃及人、中国人、古巴比伦人、文艺复兴时期的佛罗伦萨人，直到今天斯坦福的教授也都是这么认为的。

我们才发现，表面看来这个世界的人有着不同的肤色，有着不同的宗教信仰，说着不同的语言，有着不同的文化习惯……**其实归根结底，人与人的共性远远多于我们表面体现出来的差异。我们并非从根本上不能理解彼此，只不过被一些表面的差异抬高了我们相互间的理解成本，但相互理解进而协作的根基从一开始被就牢牢奠定了。**

货币的诞生，更如狂风暴雨一样将协作的网络推向了高潮。对数学的认知人们**应该体现出高度的一致性**，应注意的是，事实上并没有多少人会有兴趣去深入研究数学，但对货币价值的认知，人们却实实在在地体现出一致性。数学化解不了人们的恩怨，但货币可以，彼此嫌恶甚至仇恨的人也许为了钱就能协作。**货币一下子让我们的协作网络从熟人网络快步跨入了陌生人网络。**当我们期待陌生人与我们快速建立合作时，最简单直接的方式就是跟他们谈一个合适的价格。这听起来并不诗意，也许这个世界上只有 7 个圣人时，他们压根不需要货币，但问题在于今天世界上有 70 亿人。对绝大多数人来说，货币所代表的价值是最容易理解的，以致让他们每天一睁眼直到夜晚疲倦睡下时，无不在为此操心劳累。从工业革命开始，科学技术就不再只是停留在纸面上了，而开始实实在在、大规模地改变我们的世界。

通过科技创新，人们可以高效廉价地将信息快速地送到千山万水之外。公元前 5 世纪的时候，菲迪波德斯跑了 42 公里，才把希腊战胜波斯的胜利消息送回到雅典，付出的代价是他宝贵的生命。显然，我们不能每次为了传递一个简单的消息就要付出一名战士宝贵的生命，这个抬高理解成本的障碍终究是要由科技创新来克服的。事实是，2008 年北京奥运会开幕式，全球约 10 亿观众收看了这一盛况，这是降低全球理解成本，实现全球大规模协作的一大进步。

交通网络也在科技的推动下高度发达。19 世纪的著名科幻小说家儒勒·凡尔纳曾经写了一本著名的小说《八十天环游地球》：一位绅士和他的朋友们打赌，自己可以用 80 天就能环球旅行一圈。最终他赢了，按照书中的描述，他其实只用了 79 天，这在当时人们的想象中已经是个相当了不起的极限。不过放在今天简直不值一提，如果你真有兴趣的话，坐着飞机绕地球一圈也不过就是两天的事情，只是一个周末正常休息的时间而已。交通网络的高度发达，意味着人与人可以做越来越多面对面的交流，我们可以更加便利地进入那些曾经对我们来说很陌生的人群网络。

1969 年，互联网诞生。1973 年，TCP/IP 协议诞生。TCP/IP 协议的诞生意味着各个局域网之间的理解成本大幅度降低（所以降低理解成本并不只是人与人的问题），到了万维网大幅度降低人们对互联网的理解门槛，让稍有受过教育的人就能便捷上网，继而智能手机又把这个门槛降低到老人、孩子都能便捷享受网络带来的好处时，全球已经有超过 30 亿人接入互联网。

从此我们进入了一个全球联网的时代，这意味着我们不再只是对着电视单方面接受电视台传来信息的旁观者，而是真真切切地变成了全球网络建设的参与者，可以在网络上与来自世界任何角落的网民进行互动，相互理解进而协作。

你还在担心语言问题吗？用于翻译的网站、插件、App如雨后春笋般冒出来，甚至有了专门的翻译机。你可以任意切换数百种语言自如地交流。也许目前的技术水平还没有让这些翻译那么信、达、雅，但足够让我们实现基本的相互理解了。

2001 年，吉米·威尔士发起了维基百科，历经 20 余年的发展之后，今天的维基百科已经拥有超过 280 种语言版本，其中仅仅英语版的词条就超过了 500 万。和传统的《不列颠百科全书》聘用全球各领域精英来写作专门词条的模式不一样，维基百科依靠网民的在线协作完成，这让它在短短十多年里就取得了《不列颠百科全书》历经近 3 个世纪都难以企及的成就（《不列颠百科全书》在 2012 年停止了纸质版的发行）。

在信息、知识泛滥成灾的今天，新词汇层出不穷，维基百科本身就在致力于降低理解成本。有意思的是，它也是全球协作成果的一个缩影，互联网让这种协作的成本大幅度降低。这还只是一个开始，一个很小的开始！如果你仔细看看今天的在线协作给货币、信用，以及很多事关人类社会根本基因层面所带来的改观，你就会知道，一个降低全球理解成本，推动全球协作，重造"巴比伦通天塔"的全球时代正在拉开序幕！

Get the Point
Immediately

第7章

反"秒懂力"

7.1 跳出你的思维舒适区

在《秒懂力》第 1 版出版后，我（叶壮）开设了很多场与之相关的培训，有的针对企业的营销部门，有的针对宣传部门，还有的针对一些希望在互联网浪潮中拼一把的意见领袖。

在培训的过程中，我越发对秒懂力本身的心理机制产生兴趣，我不认为某种"力"有绝对的优势，它往往也有代价，有局限，甚至也有暗面。

秒懂的运转，很大程度上依托于所有人都有个不愿跳出去的思维舒适圈——刻板印象、情绪化表达、相似性效应，这些心理机制带来了秒懂，但也带来了与之相关的成见、偏执和隔阂。

教育心理学家高普尼克在近年的畅销书《园丁与木匠》中提到，儿童一旦超过了六岁，其学习的方式就会发生质的改变。在这之前，他们主要依靠探索完成学习，而在这之后，他们会进入"掌控式学习"的阶段。在这个阶段，他们会接收、理解、掌握，进而习惯于各种各样的解决问题的方法、手段和思维模式。然后在遇见问题时，就可以快速检索解决方案，一击必杀地搞定问题。

当然，让孩子知道，哪些方法有用，哪些方法没用，甚至哪些方法本质上是"屠龙之技"，这都需要练习，但是我们不难看出：建立属于自己的思维惯性，进而更加有效地去解决生活中的问题，这是人们在这个世界中谋求生存的一种重要模式。这就像你需要有一本印刷在脑子里面的手册，遇见一个问题就翻翻看手册里是怎么说的，然后再照方抓药，药到病除。

至于这个手册，自然人与人就不一样了。比如我与我老婆在面对同一个问题时，从手册里调用的解决方案可能就不大一样，或者我与我儿子，我有这么多年的人生阅历，八成也会让我的手册要比他的完善一些。

这个随着人的成长逐渐成形的手册，就是人的思维舒适圈，而这个手册的目录，很大程度上就是秒懂力能成立的基础。

可是，就像你老用手机对抗无聊，就会导致一无聊就刷手机一样，如果你老用这个手册来对抗问题，也会导致你一有问题就翻这个手册——而没有太多考虑其实还有更多的能解决当下问题的可能性，或者已经有了一个更好的方法可以帮你解决问题。

比如我妈，她有一个闺密，这个闺密有一个大我两三岁的儿子。我从小到大，一在成长中遇到什么问题，我妈就会跟这个闺密取经——因为在她看来，闺密肯定已经在自家儿子身上见过了这些问题，当然可以传授些方便法门。我小学跟人打架，她去问；我中学有点叛逆，她去问；我大学打游戏有点多，她去问——她已经习惯了，叶壮身上有点什么问题，都要跟闺密取经。直到今天，我三十多岁了，跟她闺密的儿子走上了截然不同的人生道路，她闺密的育儿经验也的确不再适用于我，甚至她的闺密都不了解我的生活是什么样子，但我妈却依然有着一种思维惯性：叶壮如果有什么让她觉得不对劲儿的动向，一定要先问闺密的养育经验。那种匹配她养育思维的内容，更容易获得她的青睐与秒懂。

原因无他，是我妈陷入了思维的舒适区。

思维惯性不是不好，进化让人类产生这样的问题解决机制，本身就是因为它的效率很高。但是在这个熵增与多变的环境中，思维惯性往往会导致你的节奏慢一拍。比如，你带着给五十岁的人做广告的思维惯性，去给"00 后"做活动策划，那恕我直言：能成功才真的是见了鬼。哪怕是这两年很火的《乐队的夏天》，这样打着经典复古标签的文化产品，也是在匹配了众多新鲜玩法和定向设计之后，才有如此巨大的成功声浪的。

但思维惯性的优点，也恰恰拉了它的后腿——它给人带来了一个在认知上的舒适区，保留着确定的思维模式，也许不能让你出色，但起码可以让你及格。于是，很多人沉湎于这个舒适区，死活不愿意出来了。秒懂力的局限性之一，就在这里凸显了出来。

所谓舒适区，是一种外界环境和心理状态的组合，当你身处其中时，总是会感觉舒服一点——它可能是"肥宅快乐水"，可能是不费脑子的搞笑网络综艺，可能是一个你特别擅长的小众游戏。哪怕你有着巨大的压力，面对着棘手的问题，它也能扮演好一个蜗壳的角色，对于不少人而言，它甚至有点类似于惰性——因为你总不愿意放弃身处其中的轻松，而沉湎于此。

至于思维舒适区，它相对而言会复杂一点——它是指思维上的环境与心态的组合，如果你遇见了某个问题，纯粹出于经验与习惯地选用单一的解决方案，说白了，也是因为长期有效而积攒出的一种认知惰性，而"秒懂"这件事，跟惰性真的很合拍。

你可能会问：反正能解决问题就好啦，秒懂不也挺好吗？我为什么要跳出所谓的思维舒适区？

是这样的，身处舒适区中，会得到一种非理性的安全感。这种非理性的安全感，解释了你为什么在备考的时候刷剧，在项目推进到重要节点的时候暴食，在遇见认知的真正挑战时，难免昏头转向，因为你总是下意识地选择最秒懂的内容和方式去解决问题。

很多人都觉得自己有拖延症，其实这根本就不是一种被变态心理学定义的疾病，更多的是一种文化定义。什么叫拖延症？从表象上看，明明知道只要狠下心来专注地工作两个小时，就可以解决那个压在你心上的问题，却依然玩玩电脑、刷刷手机、看看视频，甚至洗了个澡，直到最后期限（deadline，"死线"）横亘在不久的将来，才去做那件你迟早要做的工作。究其原因，就是对工作的投入将必然把自己从既有的舒适圈中拉出来，我们明知道早做总比晚做好，没做的时候就算放松，也带着压力，可我们依然不愿意提前点主动走出舒适区。"既然有压力，就先打把游戏压压惊。"

同理，觉得面对思维的拔高、认知的升级和新思想、新思考有压力，那就靠在思维上"以不变应万变"来压压惊。

但是，我还是想跟你谈谈我的看法——我们面对舒适区，面对秒懂力的暗面，能做点什么？

舒适区的存在，必然有其道理。人能进化出舒适区这种心理机制，就是因为这能帮助人们规避更多的潜在风险。但你更要明白，恰恰因为舒适区的存在具有相当的本能性，我们才更要严肃认真地分析它，而后再指导正确的行为。有的人跳出舒适区，还处理得不错，那的确算完成了一次对自我的挑战，他可能因此看到了更广阔恢宏的世界，发现了更优秀的自我。

如果你没法"说服"自己走出舒适区，你可能需要提升的是另一种跟自己交流的技能：反驳自己的认识，反驳自己因为秒懂而产生的直觉。很多人想走出舒适区，但是苦于一种"没错，但是……"的假设。"你想不想升级一下现在的项目方案？""没错，我想要，但是……"这个但是后面，可能有许多后缀，比如新方案客户不满意怎么办；新方案的效果不如老方案怎么办；新方案到时候因为不成熟要一改再改，自己没时间怎么办，等等。所以，与其逼着自己说服自己跳出思维舒适区，不如学会反驳自己的种种顾虑。这种反驳也是有方法论的，它由三个步骤组成——搜集证据，做出选择，化解灾难。这三步合起来，就是针对舒适区惰性的"反攻计划"，即反秒懂。

如果你意识到了反秒懂的必要性，需要去针对性解决自己下意识产生的想法，这尤其有用。

比如你现在想跳出思维舒适区，修改以前一个经典项目的执行策划，但又顾虑重重，怎么办？

第一，搜集证据。"过去这几年，我一直带着这个项目，当年我就从 0 到 1 做起来这个项目，如今我来做革新，还能比一开始难吗？而且这几年我积累了不少经验，很多时候也有关于项目改革的成形想法。除此之外，现在这个项目做了好几期都一个样子，虽然效果不错，但是并不出彩，而且底下的执行团队，虽说轻车熟路吧，但都因为太熟悉套路，有点没热情了。"类似的证据，都可以帮助你来反驳之前的舒适区认知。

第二，做出选择。"项目改革，可能成功，也可能失败。如果成功，那当然不错，老板开心，客户满意，多挣点钱还能给团队多分点儿。那如果失败呢？其实也还好，毕竟我不是完全推翻彻底改革，我觉得大效果八成还是有保障的，咱不能因噎废食，是不是？如果不改革，再接着观望，也就两个结果，一是项目做着做着就凉透了，二是老板或者客户到时候倒逼我做改革，到那个时候，岂不就被动了？"我们可以通过以上这些设问，来寻找决策的方向。

第三，很多时候，人们在跳出思维舒适区时，会有一种

"万一"思维。万一我把项目改黄了，把客户丢了呢？万一项目的改革成本没控制好，老板找我麻烦呢？万一项目改革反响不错，但是执行团队能力跟不上，弄得理想丰满、现实骨感，怎么办呢？以上这些，都是灾难性假设，它会让你更加不敢跳出舒适区。所以，这时候我们就需要给自己提前打好预防针：如果灾难真的发生了，该怎么办？要知道，在大多数情况下，事情并没有按照最坏的情况发展，但是担忧最坏的情况，往往会让人丧失尝试的勇气。所以，这时候一定要制定一个应对这种悲观设想的认知演练。比如："这事要提前跟老板表表决心，以免到时候在公司后院失火，与此同时，还要努力做做客户的预期管理工作。当然了，离项目下次执行还有半年，这半年，要好好打磨一下团队的能力水平，实在不行，再招两个人也是好的嘛！"这样一来，三步走，你就做好了跳出思维舒适区的准备了。

总之，今天的秒懂力，与这一理念第一次出现时有着截然不同的时代背景。之前，我们执着于顺应人们的心理机制与认知规律，但随着技术的普及甚至一定程度的滥用，秒懂力在很多时候开始成为很多人在思维上难以突破的框架。我们很难评价这种情况到底是弊大于利，还是利大于弊，但我坚定地认为，人应该有认知的自由，人应该能够决定自己想什么、怎么想，而不是被外界裹挟，圃于一个虽然秒懂但是狭小的空间。

秒懂的终点，依然应该是自由的思想。

7.2　神化"秒懂力"和"理解成本"？万万不可

《秒懂力》第 1 版提出了"秒懂力"和"理解成本"这两个概念。对这两个概念，大家感到既熟悉又陌生。熟悉，是因为这样的问题，在商务沟通交流、市场营销、产品设计中经常遇到。陌生，是因为在《秒懂力》之前，没有人旗帜鲜明地把它们提出来。

为商业现象命名，提出概念，并试图构建一个理论体系，这本身就是一件很有意义的事情。中国商业在过去几十年里突飞猛进，出现了很多中国式的实践创新，与之相对应，也一定会出现越来越多的中国式的商业理论创新。未来越来越多的商业概念、命题和理论体系，将会由中国人来命名、阐述和构建。

但我们不想由此神化"秒懂力"和"理解成本"，它们只是一个中性的商业概念，不应该被过分"魅力化"，和很多工具一样，"秒懂力"和"理解成本"，既可以用来推动商业创新，也难免可能被人用来"割韭菜"。

在新媒体兴盛的时代，应用好秒懂力，降低理解成本，确实会立竿见影地推动新媒体的关注、点赞、转发等指标升高，推动产品更容易被受众接受。但要记得，这些能力不可以滥用，本书三位作者都是在很谨慎地使用秒懂力的。

之前有一位企业家很想写书，跟我探讨书的写法。我推荐他去关注两本书，一本是畅销书《影响力》，一本是专业教材《西奥迪尼社会心理学》。两本书的作者都是西奥迪尼，内容也都是关于社会心理学的，前者的读者数量远远超过后者，但只有后者才可以进入专业课堂里。

为什么？

美国畅销书的典型写法，不是在一本书里浓缩多少洞见和观点，而是一本书一般只有一个主论点，在这个主论点下面有 4 ～ 8 个支撑点。写的时候，每个支撑点都采用足够多的故事，而且这些故事多半都富有戏剧冲突色彩（冲突是好故事的前提），试图从多个层面、多个角度、多个视野把一个支撑点说透。

显然，这是一种应用秒懂力，追求降低理解成本的做法。这种做法的好处是推动了知识的普及。我们每个人最多只能专注于少数几个领域，面对人类浩渺的知识和智慧海洋，换一个领域我们都是"小白"，所以，让我们秒懂的普及型著作是必须的。

但为什么专业课堂不直接采用普及型著作，而是用让学生绞尽脑汁，学习让人叫苦连天的专业教材呢？

道理很简单，秒懂一定会伴随损耗，包括信息的损耗、智慧的损耗、洞察的损耗，而且过于依赖秒懂的内容，反而会降低读者本人的理解能力。这就和偶尔吃点膨化食品，可以调剂你的胃口和生活，但长期依赖膨化食品，会损坏你的健康，是同一个道理。

选择哪一种写书的方式，看你追求什么。同样，选择哪一种书来读，也看你追求什么。

2020 年年初的时候，受蓝鲸商学院的邀请，我担任了蓝鲸企业家特训营的导师，在闭营仪式上，蓝鲸财经邀请我和温元凯老师去发言。

当时我阐述了教育 3.0 的概念，我认为当时的教培行业尽管巨头林立，但其实教育的改革才刚刚开始。

为什么我这么说？

因为在我看来，中国教育的主要矛盾，是优质教育资源相对稀缺、相对不均衡，和人民群众对优质教育资源与日俱增的需求之间的矛盾。

过去的教培行业，主要是从供给这一端用力的，比如增加优质老师的资源，或者通过互联网放大教师、题库等覆盖的学生范围。

但很少有教培机构是在学生这一端用力的。不少教培机构，其实是把有限数量的考点磨碎了，降低理解成本，秒懂化，然后再喂给学生。在有限的课堂时间内，教师很难去了解每个学生，去启发每个学生的心智，推动他们学会学习、学会思考。

这种方式对于应试有效果，但未来学生是要进入社会的。更有竞争力的人才，应该是创新能力极强的人。

什么是创新？创新就是现在没有的，我把它创造出来。这就有两个要求：

- 面向海量的理论知识、实践经验去学习。比如硕士、博士的培养，就很看重他们的创新能力，所以硕士、博士的一个基本功，是要学会查询海量的学术论文，从中筛选出自己需要的，站到前辈们的肩膀上才能创造未来。如果只是会接受老师磨碎了的既有考点，是很难适应这种挑战的。

  对于实践中的创新人才的能力要求就更高了，不仅仅是面对海量的论文，还要能面对海量的实践，面对大千世界的丰富性去学习，去创新，而不是围绕已经被人们磨了几十年的有限考点去学习的。

- 有自己独有的学习方式、思维方式。有创新力的人，一定是自学能力很强的人。而自学不是死读书，头悬梁、锥刺股，硬往自己的脑袋里塞一堆知识。自学要有思维框架、思考方式、洞察力，针对学习的内容能拟定出学习策略等。创新力强的人，不是无所不知的人，而是善于思考，善于观察，能做到准确界定问题，清晰定位问题的真正矛盾点在哪里，然后善于找到解决问题的路径的人。

概括起来说，自己会打猎的猎人和只会吃别人嚼碎的食物的"巨婴"，创造的价值完全不同。

再以成功学为例，成功学的内容一般都很秒懂，确实在普及一些观点上有其积极的意义。但是成功学有不少问题，很核心的一点是，不少成功学的内容往往把成功的逻辑高度简化，甚至错误归因。

最常见的一种方式，是把成功中的专业要素剔除，只归因于心态问题、时间付出问题。因为这两点可以让读者秒懂，而且读者认为这两点自己肯定能做到，所以自己已经找到了成功的秘诀。

成熟的商务人士，都很清楚成功的商业如果缺少创新，缺少专业内容的支持，是很难做起来的。而且办公司，做经营管理往往一波三折。其中确实需要有好的心态，有时间、精力的付出，但它们是必要条件，而不是充分条件。每天起来对着镜子笑，然后告诉自己"我是最棒的"，相信有奇迹会发生，这就是在高度简化成功的逻辑和错误归因。

我们之所以要在新一版的《秒懂力》里加入"反秒懂"的内容，就是因为我们对当前秒懂力被滥用的现象表示担忧。秒懂有时类似膨化食品、碳酸饮料，享用起来很爽，且容易被人接受，但长久迷恋于它们会损坏个人健康。秒懂带来的问题不仅仅是营养损耗，而且可能会降低接受者的独立思考能力、判断力，一旦有人滥用秒懂来引导错误归因，接受者就容易被"割韭菜"。

有一点可以肯定，中国一定会走向创新型社会，而未来真正有竞争力的人，一定是学习能力强、创新能力强的人。德鲁克在《知识社会》里说过，在知识社会里，人的一生将多次融入社会。我非常赞同这个观点，并结合中国实际，进

一步阐述何为多次融入社会:

- 大学毕业后进入职场,是第一次融入社会。
- 工作后,在不同的公司甚至不同的行业跳来跳去,寻找适合自己的职位、职类是第二次融入社会。
- 到了四五十岁,职业发展也到了天花板,有的人就开始考虑创业,或者做自由职业者,这是第三次融入社会。
- 做老板是融入社会的终结形态吗? 根本不是,如果一个公司发展遇到瓶颈,技术跳到其他公司还做技术,销售调到其他公司还做销售,只有老板,不得不选择一个全新的跑道,从头再来。

这个趋势越来越明显,拿一个名校高学历就想一辈子衣食无忧的时代已经逐渐过去。我们可以把秒懂作为武器,偶尔也品尝秒懂的甜头,但绝不可以依赖秒懂。

第 8 章

结尾：致敬乔布斯——
"Stay Hungry, Stay Foolish"
究竟说的是什么

　　在创作互联网通史《看见未来：改变互联网世界的人们》时，不可避免就会写到"Stay Hungry, Stay Foolish"，这句在互联网史上负有盛名的名言，中文应该怎么翻译？当时我和余晨都觉得"求知若饥，虚心若愚"并不是最佳的译法，但我一时也找不到一个更好的译法。现在回想起来，这种不明确并非由于对中文词句把握得不够透彻，而是因为对于原句，尤其是"Stay Foolish"的精神内涵把握得不够透。

　　2017 年 6 月，"老友聚"第一期举办（一个 15 人以内，来自商界、心理学界、哲学界、社会学界等跨界的专家们深入畅聊一个具体主题的高端闭门沙龙），那期主题是"降低理解成本"，大家讨论了四个多小时还意犹未尽，在和各位专家的头脑风暴中，我蓦然找到了"Stay Foolish"（初心待人）的灵感（这次讨论的部分成果，可以参看微信文《正因为有不爽，人类才能发展到今天》）。邓斌当时还在广东，没能参与这一次的"老友聚"，但他对这个主题非常感兴趣，我们很快顺着这个思路整理出一篇长文章《为什么你写的文章很有价值还是没人转？》。这篇文章通过不定时接受各方反馈，不断迭代，探讨了微信热文成文背后的原理。在这篇文章中，我和邓斌第一次对"初心待人"的精神内涵做了深入的思考。这个思考的正式表述，最终呈现在 2017 年 8 月刊的《中欧商业评论》中，我为《上瘾：让用户养成使用习惯的四大产品逻辑》写的诠释长文《那些让你上瘾的产品做对了什么》。借着这篇文章我对"Stay Hungry, Stay Foolish"的内涵做了一个较为系统的阐述（见表 8-1）。

表 8-1　"Stay Hungry, Stay Foolish" 的内涵

Stay Hungry（求知若渴）	Stay Foolish（初心待人）
入口：学习知识、智慧等	出口：产出产品、文章等
内化群体智慧和知识，提升个体思维价值	外化智慧和知识，但产品无论凝练多么高深的智慧和知识，都要让受众易理解、易使用
群体到个体	个体到群体
容易被重视	容易被忽略
保持开放性	保持柔性

《中欧商业评论》那篇原文引述如下：

　　"Stay Hungry" 与求知相关，企业家始终要保持饥渴状态求知，保持"入口"的开放性。但最难的不是 Stay Hungry（求知若渴），而是 Stay Foolish（初心待人）。企业做出来的产品，包括写出来的文章，在面对受众时，要像 iPhone 一样，让小孩子和老人都能凭借本能使用。能做到求知若渴的人很多，但能做到初心待人的凤毛麟角。

　　或者说，求知若渴是个体汲取群体知识、智慧，内化为自己的知识和智慧的过程。在这个过程中，重要的是保持开放性，尽量汲取多学科、跨领域的思想。在强调终身学习的今天，能做到这一点的人不在少数，越来越多的人拥有良好的教育背景、越来越高的学历，甚至即便没有通过正规的教育体系，在印刷业高度发达、互联网大幅度降低知识获取成本的时代，通过自学或周围"牛人"的带动，汲取知识和智

慧也不是什么难事，乔布斯就是这方面典范。

学霸、天才很多，但改变世界的乔布斯为什么是凤毛麟角？因为难题不在于求知若渴，而在于初心待人。

我们内化的知识、智慧终究要外化，体现为写作、做产品等，外化创造社会价值。在这个时候，太多的人难以站到受众的角度去考虑问题，**也没有意识到一个关于选择的很容易被忽略也很关键的问题——受众往往选择他们容易理解和使用而不是有价值的产品。而拥有求知若渴特质的人很容易误认为：受众会选择有价值的产品。这是大错特错。**

例如，小孩子和老人为什么喜欢玩 iPhone、iPad，因为他们很容易理解 Tom 猫、愤怒的小鸟的玩法。他们为什么不玩黑莓呢？因为黑莓上面密密麻麻的键盘太难以理解，太难以使用。又如，为什么一些草根企业家喜欢去参加那些讲故事、打鸡血的培训，而不是到商学院去接受更有价值的智慧洗礼呢？因为前者很容易听懂，而后者太难以理解了。

乔布斯是叙利亚人的后裔，又生活在硅谷，但他竟然是位佛教徒，笃信坐禅。禅的要义就是放下、简单，去除中介，和这个世界直接沟通。因此 iPhone、iPad 的设计本身就渗透了东方的智慧，我们用手指直接触摸屏幕，**这是人和世界最原始的交互（其历史有 400 多万年之久），而不是通过生硬的键盘（敲键盘的历史只有区区几十年），**老人也好，小孩子也罢，在没有人指导、不看说明书的情况下，**凭借本能就可以自如使用（这句话非常关键）。**

　　到创作这本书时，我觉得"初心待人"比"求易近人"理解成本更低，所以迭代为这个译法，这才是" Stay Foolish "的要义，你也可以理解为"保持初心"（这个初心不是指做事情的出发点，而是影响你行为有上百万年之久的心理机制，它从你生下来就在发挥作用）。

　　我把最新版《轻营销：小预算玩大市场》（第 3 版）的封题改为：

　　一切商业问题，归根结底是人的问题；

　　一切人的问题，归根结底是哲学问题。

　　其实，在哲学之外，首先要研读进化心理学，今天的我们，无论美丑、善恶、智愚……都只是进化这个漫长进程中的一个片段而已！

影响"Stay Hungry"的，从现代科技兴起以来，不过只有五六百年的历史。

而影响"Stay Foolish"的，自有古人类以来，竟然有500万年的历史。

我们今天的教育容易让我们关注那五六百年，却忘记了那500万年，忘记了初心、良知，忘记了从最根本影响人类行为的心理机制。

之后，我还要说下"Stay Hungry，Stay Foolish"的来源。很多人都认为这句话是乔布斯说的，岂不知乔布斯在2005年斯坦福大学演讲时，已经做了澄清。

> Stewart and his team put out several issues of The Whole Earth Catalog, and then when it had run its course, they put out a final issue. It was the mid-1970s, and I was your age. On the back cover of their final issue was a photograph of an early morning country road, the kind you might find yourself hitchhiking on if you were so adventurous. Beneath it were the words: "Stay Hungry. Stay Foolish." It was their farewell message as they signed off. Stay Hungry. Stay Foolish. And I have always wished that for myself.

在互联网还不够发达的时代，斯图尔特·布兰德创立了《全球目录》，这本杂志就好像纸质版的谷歌，深深地影响了乔布斯、凯文·凯利等一代人。1974 年，《全球目录》停刊，而"Stay Hungry, Stay Foolish"就是停刊本的封底文字。我特意从美国亚马逊上订购了一本《全球目录》停刊本，拿到手时，我感觉拿到了历史。图 8-1 就是我亲手拍摄的《全球目录》停刊本封底。

图 8-1　《全球目录》停刊本封底

附　录

本书写作分工

章	节	写作人
第 1 章 开篇	唐僧理解诅咒	唐文、邓斌、叶壮
	《围城》理解效应	
	iPhone、iPad 就是乔布斯的"理解跳板"	
	打交道不能靠等着对方"悟"	
	可选择性太多的负面影响	
	降低理解成本的重要性	
第 2 章 降低理解成本的 4G 模型	降低理解成本概述	
	4G 模型	
第 3 章 Gap：鸿沟	消除鸿沟	叶壮
	受众接受习惯至上，自我改变拥抱受众	邓斌
	理解鸿沟从哪儿来？从进化中来	唐文、叶壮
	知识的诅咒	邓斌、叶壮
第 4 章 Go：行动	相似性	唐文、邓斌、叶壮
	情感	邓斌、叶壮
	场景	唐文、邓斌、叶壮
	人	
	势能	

（续）

章	节	写作人
第 5 章 Get：收获	—	唐文
第 6 章 Global：全球	—	唐文
第 7 章 反"秒懂力"	跳出你的思维舒适区 神化"秒懂力"和"理解成本"？万万不可	叶壮
第 8 章 结尾：致敬乔布斯—— "Stay Hungry，Stay Foolish"究竟说的是 什么	—	唐文